習近平が狙う「米一極から多極化へ」

台湾有事を創り出すのはCIAだ!

遠藤誉
Homare Endo

ビジネス社

もくじ

第二章 中国が招いた中東和解外交雪崩が地殻変動を起こす

第三章 「アメリカに追従するな！」
――訪中したマクロン仏大統領の爆弾発言

第四章 毛沢東と習近平を魅了した荀子《じゅんし》哲理「兵不血刃」

第五章　台湾問題の真相と台湾民意

序　章

世界制覇を巡る
米CIAと習近平
「兵不血刃《ひょうふけつじん》」の攻防

米中の力が拮抗《きっこう》し始めている。

アメリカにとっては、世界ナンバーワンの地位を中国に渡すわけにはいかない。「これは民主主義陣営と専制主義陣営の闘いだ」と必死だ。何としても中国の経済的・軍事的成長を潰そうともしている。

言論弾圧をする中国共産党による一党支配体制を崩壊させてくれるのは大変けっこうな話だが、その手段として日本を戦争に巻き込むのは困る。

またそのようなことに邁進している間に中国が非西側陣営を抱き込んで中露を中心とした世界新秩序を構築したりなどしたら、さらに耐え難い。しかし実は今、習近平は「米一極から多極化へ」と向かう地殻変動を起こそうと狙っているのだ。

いったい何が起きているのかを解き明かし、どのようにすれば日本人の命が犠牲にならないようにできるのかを考察するのが本書の目的である。


周知のように中国は2023年2月24日、ウクライナ戦争1周年に当たり、「ウクライナ危機の政治的解決に関する中国の立場」という文書（以後、「和平案」）を発表した。第一章で述べるように、まずは当時の王毅《おうき》外相がモスクワに飛んでプーチン大統領に会ってから発表されたので、その時点でそれが「ロシア寄り」のものであることは明白だった。おまけにプーチンと会った時の王毅は、「こんなビビった顔は見たことがない」というほどオドオドしていたのだから、なおさらだ。

案の定、「和平案」には「ロシア軍のウクライナからの完全撤退」という類の言葉は入っていなかった。こんなものでウクライナとロシアを停戦のテーブルなどに着かせることができるのか、誰もが訝《いぶか》った。ところが、この「和平案」、その後にとんでもない役割を果たし始めたのである。

2023年3月10日、習近平が全人代（全国人民代表大会）で国家主席の三選を果たしたその日に、これまで犬猿の仲だったサウジアラビア（以後、サウジ）とイランが和睦したのだ。和睦させたのは中国。北京で中国・サウジ・イランの外相が熱い握手を交わしながら「和解宣言」を行なった。

すると、まるでドミノ倒しのように、中東和解外交雪崩現象が始まったではないか。それと同時に石油などの米ドルによる取引をやめる国が続々と現れ始め、これもまたドミノ現象を起こしている。

中東はかつて「アラブの春」と呼ばれるカラー革命によって、それまでの伝統的な政権が次々に倒され、民主化政権が誕生したかに見えたが、すぐさま激しい内紛に見舞われ治安は悪化し、凄惨な混乱の極みを呈してきた。

このことに嫌気がさした中東諸国は、「和平案」を唱える習近平の周りに集まり始めたのだ。アメリカが成し得なかった中東の和睦を、なぜ習近平ができたのか、そして中東諸国が忌み嫌う「カラー革命」の正体とは何なのかを追い詰めていくうちに、次の二つのことが明白になってきた。

一つは「カラー革命」を起こさせていたのは全米民主主義基金（National Endowment for Democracy＝NED）（以後、NED）であることが分かったことだ。NEDは1983年にアメリカが「他国の民主化を支援する」名目で設立した組織だ。

NEDのホームページをたどっていくと、驚くべきことに、第二次世界大戦後に世界で起きた戦争や内紛のほとんどは、1983年まではCIAが起こし、1983年以降はNEDが起こしていることを発見したのである。なぜNEDのホームページでそのようなことが分かるかというと、NEDの活動経費はアメリカ政府から出されているので、その会計報告を毎年公開しなければならないからだ。そこからどのような活動にいくら使ったかを執拗に丹念に追いかけていって作成したのが第六章にある図表6-8である。

「このようなデータを公開しているなんて、さすが民主主義の国家だ！」と感心もし、一方では、世界の紛争のほとんどをCIAとNEDが創り上げていたことにも驚愕した。そんなことがあっていいのか、これは本当なのだろうかと、我が目を疑ったほどだ。

このデータは本邦初公開のまとめであり、おそらく世界でも、このような時系列的な形でのリストは出たことがないだろうと自負する。

そこから見えてきたのは、NEDは世界にあまねく広がり、「民主化を支援する」という名目で、どこかの国に自国政府に不満を持つ人々がいると、必ずそこに潜り込んで「不満を持つ人々を支援して」、現存の政府を転覆させるということを40年間くり返してきたということだった。アメリカの言いなりになる政権を創っていくのが目的の一つで、もう一つは戦争ビジネスと結びついていた。

最も驚いたのは、その時系列を分析すると、「台湾を使って中国政府を倒させようとしているのはNEDだ」ということが見えてきたことだ。

一方、NEDはその共同創設者の言葉から「第二のCIA」と呼ばれている。その意味では「台湾有事」はCIAが創り出していると言っても過言ではない実態をつかんだ。

二つ目に明白になったのは、習近平が実は【兵不血刃《ひょうふけつじん》】という哲学を軸に「和平案」を出していたという点である。

中国には古くから孫子（紀元前500年ごろ）の兵法や荀子《じゅんし》（紀元前300年ごろ）の議兵《ぎへい》など、多くの戦略の知恵が蓄えられてきている。中でも習近平は荀子の教えを好み、国内統治にしろ、海外に対する国家戦略にしろ、つねに荀子の言葉を用いることで有名だ。

序章のタイトルにある【兵不血刃】は「荀子・議兵」の中にある言葉で、「刃《やいば》に血塗《ぬ》らずして勝つ」という意味だ。孫子兵法の中では「不戦而勝（戦わずして勝つ）」という有名な言葉があるが、習近平が好むのは荀子なので、本書ではこの言葉を選んだ。

ウクライナ戦争に対する「和平案」もその戦略の中の一つだった。

ウクライナを侵略したロシアに対して、アメリカを中心とした西側諸国＝米陣営は強い制裁を科しているが、それらの国・地域の数はわずか48に過ぎず、人口比で見ると、人類の約「85%」がロシア制裁に加わっていないことになる。

そのほとんどは発展途上国や新興国などで、主として南半球に点在しており、これを最近ではグローバルサウスと呼ぶことが多い。

中国は「発展途上国77＋CHINA」を始めとして、新興国で構成される「BRICS＋」や、反NATO的色彩を帯びる「上海協力機構（中露＋中央アジア諸国＋インド）＋」などを基盤として、アフリカ53ヵ国を味方に付け、先述したように最近では中東諸国を引き寄せるという戦略に出ている（この世界マップ相関図は第二章で示した）。

中東諸国だけでなく、人類の「85%」が「アメリカは相手国政府を転覆させる形で民主化運動を起こさせたりデモを煽ったりするが、中国は相手国の政治体制に関する内政干渉をすることなく、和睦によって経済繁栄をもたらす」という共通認識を持っているようだ。その是非は別として、人類「85%」の多くがそう認識しているのだから仕方がない。

加えて、アメリカは「制裁外交」を自国の都合で乱用していると人類の「85%」が思っていることもわかった。アメリカの国内法で決めた政策を国際社会が守らなければならないとばかりにアメリカの国内法を他国にも強要して、対ロシア制裁をしない国は「悪の国」扱いをされ、人類をエネルギー危機や食糧危機に陥れている。特に「金融制裁」に至っては、「戦火」を使わないだけの「戦争」であって、これは「実戦」に等しいと、人類の「85％」は気づき警戒し、「脱米」と「脱米ドル」の大きな波を加速化させているのだ。習近平はその「85％」を味方に付けて、「地殻変動」の大きなうねりを「非米陣営」の間で巻き起こしているのである。

　習近平が「和平案」を出したもう一つの狙いは、２０２４年1月に行われる「中華民国」台湾の総統選において、親中派の国民党に勝利してもらい親中政権を台湾に誕生させることだ。「ウクライナ問題でさえ平和裏に解決しようとしているのだから、台湾を武力攻撃するなど、あり得るはずがないだろう」と台湾の選挙民に送ったシグナルであるということもできる。

　実は台湾問題も、【兵不血刃】という言葉も、私にとっては人生の原点と深く関係している。習近平だけでなく、中国建国の父・毛沢東もまた荀子の【兵不血刃】を好んでいた。

　１９４６年から中国では国民党と共産党による国共内戦が激しくなっていったが、１９４７年から48年にかけて、私が住んでいた中国吉林省長春市（元「満州国」の国都「新京市」）は中国共産党軍によって食糧封鎖され、長春市内にいた無辜《むこ》の民は餓死に追いやられ、数十万の餓死者を出した。長春市を守っていた蒋介石《しょうかいせき》率いる国民党軍の中の雲南第六十軍が共産党軍側に寝返って、１９４８年10月、国民党軍の要塞の一つであった長春市は陥落した。一滴の血を流すことなく、中国共産党軍は長春の包囲戦に成功し、それをきっかけに一気に南下して全中国を解放してしまったのである（「解放」とは中国人民解放軍が占拠することを指す）。

この国共内戦で敗退して台湾に逃げたのが、あの国民党だ。私にとっては台湾問題も【兵不血刃】も、人生の原点として位置付けることができる。

特に、人が人を殺して喰《く》らうのを目の当たりにし、餓死体の上で野宿させられ、恐怖のあまり記憶喪失になった実体験を、私は『もうひとつのジェノサイド　長春の惨劇「チャーズ」』という本に綴ったが、この「チャーズ」の事実を中国側が中国共産党に有利に描いた映画があり、そのときに使われた言葉が**【兵不血刃】**だった。

長春解放によって、中国人民解放軍は一気に南下して（台湾を除く）全中国を一瞬で解放したように、もし私たちが今、習近平のこの国家戦略を直視しなかったら、「気が付けば、中国が世界を制覇していた」という事態を招かないとも限らない。

それでいいのか――？

あの言論弾圧をする中国が構築する世界新秩序の中で生きていくことでいいのか？

戦争ビジネスで国家を運営し、「第二のＣＩＡ」であるＮＥＤを使って国際世論を誘導して戦争へと導くアメリカのやり方は受け容れられないが、中国が構築する世界新秩序の中で生きていくのも耐え難い。

【兵不血刃】は「平和を好む」ように見えるかもしれないが、「チャーズ」の経験からも言えるように、実は底なしの恐ろしさを秘めている哲理でもあるのだ。

同じように「台湾有事」は勇ましい話ではなく、そこで失うのは日本人の命であることを忘れてはならない。何と言っても世界で最多の米軍が日本には駐留しており、米軍基地も日本が世界で最も多い。台湾には駐留米軍はいないし、米軍基地もない。米中の代理戦争に発展した時に、日本人の犠牲者が最大になるにちがいない。

戦後ＧＨＱによって占領され徹底した精神構造解体を行なわれてきた日本人は完全に「アメリカ脳」になってしまった。全世界でここまでの「アメリカ脳化」に成功した例はほかにない。その「アメリカ脳」からは人類「85％」の実態は見えにくいし、受け容れられないかもしれない。しかしこのままだと日本はＣＩＡが起こす戦争に巻き込まれるし、衰退の一途をたどるだろう。これに関しては終章で述べた。


個人的な思いを挟んではならないが、執筆活動は「魂との闘い」以外の何ものでもない。どんなに中国共産党によって凄惨極まりない目に遭っても、一般の中国人には罪がないと思って、こんにちまで、できる限り客観性を以て執筆を続けてきた。しかしこのたび、本書執筆のラストスパートの段階で、中国人元留学生から耐え難い煮え湯を飲まされた。

１９５０年初頭、天津の小学校で中国人から「侵略戦争を起こした国の子、日本人」として激しい虐《いじ》めを受け、自殺未遂にまで追い込まれたことがある。日本帰国後、大学で教鞭を執る中、1980年以降は、中国人留学生に手を差し伸べることによって、その傷ついた心が少しずつ和らいでいくのを知った。だから自分の家族を犠牲にしてでも中国人留学生のために奉仕してきた。

これまでも親切にしては裏切られるということをくり返してはきたが、今度こそは堪忍袋の緒が切れた。私は生まれて初めて、心底、中国人が嫌いになってしまったのである。

その事件による衝撃で心臓麻痺を起こしそうになり、執筆を断念するしかないところに追い込まれた。そのような状況で、見たくない中国の不愉快な現実を書くのは、実に苦しかった。それでも原稿完成までやり遂げたのは、日本国を憂う気持ちが心の中で優《まさ》ったからだ。

私は日本人だ。日本という国を愛している。何が悪い！　その日本が間違った方向に行くのを座視するわけにはいかない。なぜ日本がこうなってしまったのか、どうすれば正しい道を選択できるのかを、読者とともに考えていきたいと願う。

読者こそが私の力であり、私の支えだ。

私の魂は読者とともにある。

なお、本書サブタイトルは「台湾有事を創り出すのはNEDだ！」とすべきなのだが、「第二のＣＩＡ」ＮＥＤの知名度が低いので、日本人によく知られている「ＣＩＡ」で代表することとした。

第一章

習近平ウクライナ戦争「和平案」は地殻変動のプロローグ

一、着火点は中国外交トップの王毅発言

動きはこの瞬間から始まった。

中国外交トップの王毅《おうき》が2023年2月18日、ドイツで開催されたミュンヘン安全保障会議で基調講演を行なったあとにウクライナ問題に関する質問に答え、中国がやがて、習近平の重要な主張を盛り込んだ「ウクライナ危機の政治的解決に関する中国の立場」（和平案）という文書を発表すると表明したのだ。

王毅という人の顔は日本でもお馴染《なじ》みだろう。

天安門事件直後の1989年9月から1994年まで駐日中国大使館で参事官を務め、2004年には駐日中国大使として戻ってきた人物だ。日本語が達者で、太くて濃く吊り上がった眉は、春秋戦国時代の武将を彷彿とさせる。それでいて話をしてみると柔和で、控えめでさえあった。私は何度か彼と会い、日本語で書いた『中国大学総覧』という分厚い本をプレゼントしたこともある。「えっ？ これをあなたが？」と礼賛する表情に変わり、「一緒に写真を撮りましょうか？」と王毅のほうからオファーがあったので、王毅が本を掲げる形でツーショットを撮ったこともある。

ところが2013年3月に習近平政権における外交部長となってからは、これが同じあの王毅かと思わせるほど、突如、戦狼的に豹変した。吊り上がった眉の下に挑戦的にギラッと光る

目で記者団を睨《にら》みつけ、人差し指を立てて相手にピストルを突き付けるように、「いいか、思い知ったか！」と言わんばかりに居丈高に主張する。

ミュンヘン会議でも同じだった。習近平三期目の人事で、中国共産党中央委員会（中共中央）政治局委員および中央外交委員会弁公室主任となった王毅は、人差し指を会場にいる参加者に向けながら以下のように強いトーンで早口に喋《しゃべ》った。

――ウクライナ危機は私たちが見たいものではなく、関係者の皆さんと同じく、紛争の拡大と長期化に大きな懸念を抱いている。中国はウクライナ危機の当事者ではないが、しかし中国は決して何もせずに傍観しているわけではなく、火に油を注がないようにさせ、特に「趁《ちん》火《か》打《だ》劫《こう》」（三十六計の第五計＝火に趁《つけこ》んで劫《おしこみ》を打《はたら》く

「いいか、思い知ったか！」と言わんばかりの王毅氏　出典：CBC News

＝火事場泥棒）に反対している。中国がこれまでしてきたことはすべて、「勧和促談」（勧和＝けんかの仲裁をして仲直りをさせる。促談＝会話を促進させる）の一語に尽きる。われわれは今後も断固として対話の側、平和の側に立ち続ける。（中略）

この紛争は継続されるべきではない。習近平主席は、戦火を交える戦争に勝者は存在せず、複雑な問題に対する簡単な解答はなく、大国間の対立は絶対に避けなければならないと明確に指摘している。（中略）

あと何日か経ったら（すなわちウクライナ危機の1周年である時期に）、中国は習近平主席の重要な主張を盛り込んだ「ウクライナ危機の政治的解決に関する中国の立場」という文書を発表する。

これに対してアメリカのブリンケン国務長官がすばやく反応。王毅が和平案の発表を予告しただけで、ミュンヘンにおける王毅発言と同じ日に「中国はロシアに殺傷能力のある武器の提供を検討している」と言い始めたのだ。

中国政府はもちろんすぐさま否定し、「武器の提供という意味では、アメリカほど戦場に武器を提供している国はなく、そのアメリカにはそのようなことを言う資格はない」と強く反発した。しかしミュンヘン会議においてもブリンケンは、王毅に「もし武器の提供などをすれば、普通ではない制裁が待っている」と警告を発している。

二、プーチンと会った王毅　こんなビビった顔は見たことがない

ミュンヘン会議を終えた王毅は2月22日、モスクワに向かってクレムリンでプーチンと会ったのだが、その顔はまるで別人のようにビビっていた。そのビビリ顔からウクライナ戦争「和平案」の性格も見えるし、中露関係も見えてくるので、ちょっと覗《のぞ》いてみよう。

その時の様子は、インドのニュースサイトであるファースト・ポスト（Firstpost）が動画として配信している。

この動画を見て驚いた。

「えっ？　これが王毅？」というほど、**卑屈**というか、**オドオド**というか、もう、たとえようがないほど「**ビビっている**」のだ。その証拠に次頁の表情をご覧いただきたい。

これを見ただけで、王毅がミュンヘン会議で「勇ましく」宣言した、習近平が提唱するところのウクライナ戦争「和平案」が、いかなる性格を持ったものであるかがうかがえるというもの。前述したように私は何度も王毅に会っておりり会話もしているので、彼の表情に関しては、熟知しているつもりだ。

そうでなかったとしても、普段からの、あの勇ましい表情はどこに行ったのか？

もう、会談内容など分析する必要もないほどだ。

動画を見れば一目瞭然《いちもくりょうぜん》だが、プーチンが立て板に水のごとく「自信満々に！」ひたすら喋り

プーチンと会談する王毅のビビった表情

Firstpostの動画に基づいて筆者作成

まくるのを、じっとオドオドしながら見ている王毅の表情を見て取ることができる。

念のため写真の説明をすると、①は動画が始まってから「1分35秒」後のもので、②は「2分12秒」後のもの、③は「2分39秒」後のものだ。いずれもプーチンがペラペラと喋りまくっているのを聞いている時の表情である。
①は、ジッと聞いている時の「自信なさそうな表情」。ポカーンとしている。
②は、プーチンが息継ぎをしたので、その間に何か一声、相づちを打とうとしたが、それができなかった時の表情。「あ、しまった」という表情。
③は、プーチンの喋りの中で、「そうだろ?」的な発言があったので、微笑《ほほえ》み返そうとしたが、何せイヤホンから聞こえてくる中国語の通訳の声がワンテンポ遅れているので、タイミングが合わず、「お愛想笑い」になってしまった時の表情だ。
いずれにせよ王毅はプーチンに面と向かった時に、「ビビっている」ということを如実に表しており、もう何を話し合ったのかに関して分析する気にもなれない。

実際に何を話したかに関する記録は長いので、ここでは省略する。「対話と交渉を通してウクライナ問題を解決する意欲をロシアと再確認できたことに感謝する。中国は、この問題で建設的な役割を果たすつもりだ」と王毅が最後に言ったことだけに留めておこう。これらから読み取れるのは以下のようなことだ。

◎中露は結局のところ緊密で、中国側はプーチンに畏敬の念を抱いている。

◎中国は本気で「和平案」を出そうとしている。
◎しかし王毅のプーチンに対する迎合的な表情から見て、それはロシア側の言い分を反映した「和平案」になることが予測され、ウクライナ側やＮＡＴＯ側が納得するとは思えない性格のものになる可能性が高い。

実は動画にある王毅の表情を見たあと、あまりの驚きから北京にいる老党員に電話して感想を聞いてみた。もう90歳近くになる古くからの友人だ。旧ソ連時代の中ソ関係を知っている彼は、以下のように答えた。

——そうりゃあね、あなた。考えてみてくださいよ。中国共産党そのものがソ連のスターリン時代のコミンテルンによって誕生したようなものですから、中国にとっては、たとえロシアになったからと言っても、旧ソ連はいつまでも「兄貴分」。

プーチンのような旧ソ連を彷彿とさせるような指導者が出てくれば、やはり「兄貴分」に対する敬意というのは消えないいんですよね。それが王毅の表情に出たんじゃないでしょうかね……。

なるほど、たしかにその通りかもしれない。私がまだ天津の小学校に通っていた１９５０年代初期、学校では毎日のように「いかにソ連がすばらしいか」「いかにスターリンが偉大であるか」を教えていた。新華書店という本屋に行っても、「中国とソ連は両大兄弟」という歌が賑々《にぎにぎ》しく流れていた。その書店の入り口の上にある看板には、毛沢東とレーニンとスターリンの写真が掲げてあったものだ。

その後1950年代末から1960年代にかけて中ソ関係が怪しくなり、1991年末に世界の共産主義の超大国であったソ連邦が崩壊すると、中国の指導者は一斉に「第二のゴルバチョフにだけは、なってはならない」を鉄則のように守ってきた。

だからソ連を崩壊させたゴルバチョフを批判しているプーチンには、たとえウクライナ侵攻をしたとしても、それとは別に尊敬の思いを抱くという傾向が中国にはあるのかもしれない。

一方、バイデン大統領はあわてたように2023年2月20日にウクライナへ行き、ゼレンスキーと会った。そして「アメリカはどんなことがあってもウクライナを支援し続ける」と約束している。つまりアメリカは、習近平が提唱する「和平案」によって、ウクライナ戦争が停戦するのは嫌なのである。

三、中国が発表したウクライナ戦争「和平案」の内容

こうして2月24日に発表されたのが、12項目から成る「ウクライナ危機の政治的解決に関する中国の立場」という文書だ。中国では「ウクライナ戦争」という言葉は使わず、「ウクライ

ナ危機」としか言わない。そこには習近平のプーチンに対する心配りがあり、プーチンがウクライナを（不当に）侵略したとは言いたくない思いが見え隠れする。

以下に12項目の概要を示す。（ ）内は筆者注。

1．すべての国の主権を尊重する。
2．冷戦精神を放棄する（アメリカに対する抗議）。
3．戦火を煽らず戦争を停止させる（アメリカに対する抗議）。
4．和平交渉を開始させる。
5．人道的危機を解決する。
6．民間人と捕虜の保護。
7．原子力発電所の安全を維持すること。
8．戦略的リスクの軽減。核兵器の使用を許さず、化学兵器および生物兵器の開発と使用にも反対する（2022年6月23日、BRICS共同声明で習近平はプーチンの核使用などを束縛する項目を盛り込んだ）。
9．穀物の輸出を確保する。
10．一方的な制裁を停止する。関係国は、他国に対する一方的な制裁や「ロングアーム管轄権」（アメリカがアジアに長い腕を伸ばすことなど）の濫用をやめ、ウクライナ危機を薄める役割を果たさなければならない。

11．産業チェーンとサプライチェーンの安定性を確保する。世界経済の政治化・道具化・武器化に反対する（アメリカに対する抗議）。

12．戦後の復興を促進する。中国はこの点に関して支援を提供し、建設的な役割を果たす用意がある（２０２２年３月中旬に、中国はすでにウクライナに約束）。

以上

ここに書いてあるのは、あくまでも「中国の立場」ではあるが、これに基づいてプーチンとゼレンスキーは「話し合いのテーブルに着いてほしい」という習近平の願望を表しているので、やはり「和平案」と呼ぶべきだろう。

「和平案」が発表されると、バイデンは「プーチンが拍手喝采するような案に、いかなる価値があるのか？」とした上で、「ロシア以外の誰かに役に立つことでもあるのかい？」とか「そもそも中国が口出しするなどというのは、まったく不合理な話だ」と吐き捨てた。

ブリンケン米国務長官も「中国は口ではウクライナの平和を目指して努力している国であると豪語しているが、実際はロシアの侵略戦争を支援し煽動《せんどう》している。そもそも習近平政府は、侵略を非難する国連での努力を阻止しているではないか。にもかかわらず、中立であるという主張をくり返している。この文書は、ウクライナ侵略の原因は西側にあるとするロシアの主張を反映しており、ロシアに対する制裁を批判している」と激しく非難した。

かたや、ウクライナのゼレンスキー大統領はやや前向きで、「中国がウクライナの平和に関心を持ち出したのは悪いことではない」「領土保全を尊重すると言っているのも悪いことではない」と一定の評価はした。しかし「ロシア軍は完全にウクライナから撤退しなければならない」とも主張し続けている。その一方でゼレンスキーは「中国とウクライナ両国にとって非常に重要なので、習近平国家主席と会談する予定だ」と語り、さらに「中国がロシアに武器提供をしていないことを信じたい」とも述べている。アメリカのブリンケン国務長官がミュンヘン会議で「中国がロシアに武器提供を検討している兆しがある」とほのめかしたのに対し、ゼレンスキーは「今のところ、その兆《きざ》しはない」と否定さえした。

四、ウクライナ外相が中国の「和平案」を称賛

3月16日になると、ウクライナのクレバ外相が中国の秦剛《しんごう》外相と電話会談し、中国提案の「和平案」を称賛した。

中国とウクライナは、ウクライナ建国以来、非常に友好的な関係を続けてきた。

1991年12月25日に旧ソ連が崩壊すると、それまで中ソ対立を続けてきた中国は、凄まじい勢いで新しく誕生した中央アジア5ヵ国を駆け巡り、その流れの中で1992年1月4日にはウクライナとも国交を樹立し、2001年には全面的な友好協力関係を、2011年には戦略

的パートナーシップ関係を結んで友好関係を深めてきた。2013年12月5日には、「中国ウクライナ友好協力条約」を締結している。すべての共同声明や協力関係締結の時にウクライナは、台湾やウイグルあるいはチベット問題などに関しても、つねに中国の立場を支持し、台湾の独立に絶対に反対すると誓ってきた。その例は枚挙にいとまがないほどだ。

一帯一路の加盟国でもあり、中国はウクライナの穀物庫としての役割に関して大きな投資をしてウクライナの穀物業を育ててきたので、経済協力においては切っても切れない仲にある。

そのようなわけで秦剛との電話会談でクレバは、「中国はウクライナの重要なパートナーであるだけでなく、国際問題において不可欠な主要国でもある」と表明した上で、「ウクライナ側は二国間関係を長期的な視点で捉え、引き続き『一つの中国の原則』を堅持し、中国の領土の一体性を尊重し、中国とのさまざまな分野で相互信頼を高め、協力を深めることを期待する」と述べた。またクレバは、ウクライナに人道支援を提供してくれた中国に感謝し、「中国が『ウクライナ危機の政治的解決に関する中国の立場』という文書を発表したのは、停戦を促進し、戦争を止めることへの誠実さを反映したものである」と評価した。

秦剛は「中国は、危機がエスカレートし、制御不能になる可能性があることを懸念しており、すべての当事者が冷静で合理的で自制心を保ち、できるだけ早く和平交渉を再開し、政治的解決の軌道への復帰を促進することを望んでいる。ウクライナとロシアが対話と交渉への希望を持ち続け、どんなに多くの困難と挑戦を伴おうとも、政治的解決への扉を閉ざしてはならない。

中国は戦火を消し戦闘を停止させ、危機の緩和、平和の回復のために建設的な役割を果たし続けたいと思っている」と述べた。

五、習近平はプーチンのウクライナ侵略には反対

言葉で表現したことはないものの、習近平はプーチンがウクライナに武力侵攻したことには絶対に反対だ。なぜならプーチンが武力侵攻した理由が「ウクライナの東部ドンバス地方にいるロシア語を話す少数民族が迫害を受けているから」というものだったからだ。中国にはウイグル族やチベット族など多くの「少数民族」がおり、彼らは以前から独立を叫んでいた。それをさまざまな手段で弾圧して、今はようやく「おとなしくさせている」状況だ。

だというのにドンバス地方のロシア系少数民族が「ウクライナ政府に迫害を受けている。独立したい。助けてくれ」と言ったことを理由に、プーチンはウクライナ侵攻を始めたのである。

そのようなことが許されるのなら、ウイグル族やチベット族が「私たちは中国政府に迫害されている。独立したい。助けてくれ」と叫んだら、アメリカなどの西側諸国が中国を侵略しても許されることになってしまう。

だから、どんなことがあってもプーチンのウクライナ侵攻には反対なのである。

しかしアメリカから制裁を受けている国同士として、プーチン政権が崩壊してしまうのは困

る。だから経済的にはプーチンを支える。

筆者はそれを『ウクライナ戦争における中国の対ロシア戦略』（PHP新書）で、**【軍冷経熱】**という言葉で表現した。習近平のプーチンに対するこの姿勢は今も変わっていない。

その一方でウクライナ戦争開始以来、中国はウクライナとは頻繁に接触を重ねており、特に2022年3月14日に中国の範先栄・駐ウクライナ大使がリヴィウで当地の高官（おそらく知事）と会議を持ち、戦後復興支援に関してまで約束していることは注目に値する。2023年1月18日には、ダボス会議に出席したゼレンスキー大統領夫人が「ゼレンスキーが習近平と対談したいという旨のことを書いた書信を中国側代表に渡した」と表明している。

したがって習近平としては、まずはプーチンに会って彼の顔を立てた上で、オンライン会談を通してゼレンスキーと歓談するつもりでいたことは確かだ。

それでは、まずは習近平がモスクワに飛び、プーチンと会談した模様を考察してみよう。

六、習近平・プーチン会談と中露共同声明

3月20日から22日までの日程で、習近平はプーチンと会談するためにモスクワを国事訪問した。その熱烈な歓迎ぶりは尋常ではなく、プーチンとしては、世界第二の経済大国となった中国のトップが訪露したことが嬉《うれ》しくてならず、国内外に広く知らしめたいと思ったからにちが

いない。

到着した日の3月20日夜、習近平とプーチンは二人だけの非公式会談を行なった。非公式会談の内容は「非公式」なので公開されていないが、それに先立ち二人は、記者団の前で軽い挨拶程度の対談を披露している。

この対談が面白い。

何が面白いかというと、習近平の表情だ。まるで「慈悲に満ちた」と言わんばかりの「にこやかな笑顔」を、終始プーチンに向けている。プーチンのほうはと言えば、自分は習近平よりもやや（8ヵ月）年上だが、まるで「頼もしい兄貴」を見ているような目つきなのである。左頁の写真に示したのは、香港中国通訊社の「通視」というYouTubeチャンネルの動画から切り取ったものだ。

前述したように中国のウクライナ戦争におけるロシアへの姿勢は、あくまでも【軍冷経熱】だが、しかし実際に習近平の心の中では、他国を侵略しているプーチンをどのように位置付けているのかを知るのは非常に困難だ。その困難な作業に、この動画は回答を与えてくれた。

これまでの習近平のさまざまな表情から察するに、習近平はプーチンが人間として「好き」なのだろうと思う。本気でプーチンを信頼し、本気で経済的には支えようと考えていることが、習近平の表情から読み取れる。

しかし台湾の平和統一を悲願としている習近平としては、それでも軍事的にはプーチンを支援することはできない。「台湾を武力攻撃するつもりか」と台湾の選挙民に思われたくないからだ。したがって軍事支援はしない。

その分だけ「お金は落とす」ので、「どうか、私が提案したウクライナ紛争の和平案に関しては、私の顔をつぶすようなことはしないでね」というのが本音なのだろう。すなわち習近平は本気で「和平案」を進めていくつもりなのだということが、この表情から読み取れるのである。

一方、プーチンのほうも「世界で唯一頼れる大国のリーダー」として習近平を位置付けているようで、「あなたの言うことなら聞きます」という心情をのぞかせている。

プーチンにしても本当はいい加減で戦争をやめたいだろうが、ここまで来てしまうと、やめるにやめられないメンツというかプライドがあり、「習近平が止めたのな

慈悲にあふれんばかりの習近平のこの表情！　出典：通視

ら、まあ、仕方ない」とばかりに、「習近平の顔を立てるために」という口実を設けて、実は停戦に向かっていきたいというムードを醸し出している。

この「面白さ」は、王毅の表情の変化と、北京の老党員の説明の大意から見ると、さらにもう一歩深く踏み込んで中露関係が見えてくるという点において、際立っているのである。

ちなみに2022年9月15日、上海協力機構会議がウズベキスタンで開催された際に、「習近平はプーチンにニコリともしなかっただけでなく、会議後の晩餐会《ばんさんかい》にも参加せずにサッサと帰国してしまった」として「習近平にまで見捨てられたプーチン」と日本のメディアは喜んだが、これは事実に反する。

他国の参加者の前で習近平がプーチンにニコリともしなかったのは正しいが、それは「笑わない」という「お芝居」をしただけで、実は晩餐会では二人揃って抜け出し、他の場所で「二人だけで、こっそり密会していた」ということが、駐中国ロシア大使館の公式ウェイボーに書いてある。なぜそのような「お芝居」をする必要があったかというと、アメリカが上海協力機構メンバー国を中露から引き離すために、中央アジア諸国の中に入り込んでアメリカに誘い込む工作をしていたからだ。そのため中央アジア諸国は、2022年9月の時点ではプーチンのウクライナ侵攻に関して批判的な目を持つようになっていた。そこで、みんなの前では、習近平もプーチンに距離を置くようなそぶりをして、メンバー国が習近平を中心に一致団結するように二人で話し合っていたのである。

さて、モスクワでの中露首脳会談に話を戻そう。

記者団の前での会談の内容は儀礼的に褒め合うという範囲を大きく超えていないが、それでもプーチンが「ウクライナ問題に関して話し合う用意がある」と公言したのは大きい。

3月21日、日本時間の真夜中、正式な中露首脳会談のあとに両首脳による中露共同声明の署名と発表があり、続いて二人による共同記者会見が設けられた。

共同声明には二種類あり、一つは「中華人民共和国とロシア連邦の、新時代における包括的戦略パートナーシップを深化させることに関する共同声明」で、二つ目は「中華人民共和国主席とロシア連邦大統領の、2030年までの中露経済協力重点方向発展計画に関する共同声明」だ。

ウクライナ問題や多極化は一つ目の共同声明にあり、ウクライナ部分に関しては中国外交部のウェブサイトで特に取り出して報道している。

七、中露共同声明のウクライナ問題に関する部分

一つ目の中露共同声明の中からウクライナ問題に関する部分だけをピックアップして、その要旨を以下に示す。

●ウクライナ問題について双方は、国連憲章の目的と原則は遵守《じゅんしゅ》されなければならず、国際

法も尊重されなければならないとした。
●ロシア側は、ウクライナ問題に対する中国の客観的かつ公正な立場を積極的に評価する。
●双方は、いかなる国家または国家グループが軍事、政治およびその他の利益を追求するために、他国の正当な安全保障上の利益を損なうことに反対する。
●ロシア側は、和平交渉をできるだけ早く再開することを重ねて言明し、中国はこれを高く評価した。ロシア側は、中国が政治・外交的手段を通してウクライナ危機の解決に積極的な役割を果たそうとしていることを歓迎し、「ウクライナ危機の政治的解決に関する中国の立場」という文書に示された建設的な提案を歓迎する。
●双方は、ウクライナ危機を解決するために、すべての国の正当な安全保障上の懸念を尊重しなければならず、陣営間の対立形成や火に油を注ぐようなことを防止しなければならないと指摘した。双方は、責任ある対話こそが問題を着実に解決する最善の方法であると強調した。
●この目的のために、国際社会は建設的な努力を支援すべきだ。双方は、局面の緊張を助長したり、戦争を長引かせる一切の行動を停止するよう求め、危機がさらに悪化したり、最悪の場合は制御不能になる事態になることを防ぐよう求める。
●双方は、国連安全保障理事会によって承認されていない、いかなる一方的な制裁にも反対する。

以上

共同声明の基軸は「ウクライナ問題は話し合いによって解決すべき」というもので、「それをロシアが言うんですか？」と言いたくなるが、ロシアとしては自国を「和平交渉をできるだけ早く再開することを重ねて言明する」という立場にあると位置付けていることを、情緒的感覚を抑制し客観的事実として、まずとらえておこう。

というのは、ここに列挙した中露の共通認識こそがグローバルサウスと共有されることにつながっていくからだ。

また「国連安全保障理事会によって承認されていない、いかなる一方的な制裁にも反対する」という中露両国の共通認識が共同声明文の最後にあることは注目に値する。

「平和案」の冒頭にある「国家の領土主権は尊重されなければならない」という中国側の主張は、ウクライナの領土主権を重視していないプーチンと相矛盾する。しかし、そこは互いに目をつぶりながら、両国は「NATOの東方拡大こそがすべての原因だ」という共通認識を優先していると解釈することが、われわれにとっては重要なのである。

アメリカのシカゴ大学の教授で、かつて米空軍の軍人でもあった政治学者で国際関係学者のジョン・ミアシャイマー氏や、フランスの人口論学者で哲学者のエマニュエル・トッド氏も、今般のロシアのウクライナ侵略の背景には「NATOの東方拡大がある」と主張している。「アメリカとNATOがウクライナ戦争を生んだのだ」とさえ断言している。

2023年5月16日、元米軍高官や国家安全保障当局者から成る「アイゼンハワー・メディア・ネットワーク」というシンクタンクはバイデン政権に対する書簡をネットで公開し、「アメリカとNATOが、ロシアのNATOに対する安全保障上の要求を無視し続けたことこそが、ウクライナの現状を招いた最大の理由だ」という主旨のことを書いている。

一方、2022年2月4日、北京冬季オリンピックにちなんで訪中したプーチンと習近平は、その時の共同声明の中で「NATOの東方拡大に反対する」および「アメリカのカラー革命に反対する」という共通認識を表明していた。

2023年3月21日にモスクワで発表された中露共同声明にも、「カラー革命に反対する」という言葉が2ヵ所も出てきており、これこそが第二章で述べる中東で雪崩を打って展開している和解外交と深く関係し、習近平が描く「多極化新秩序」の核心を成しているものと位置付けることができる。この問題に関しては第六章で深く掘り下げる。

八、「米一極支配」から「中露＋グローバルサウス」による「多極化新秩序」構築へ

中露首脳会談および中露共同声明には、「多極化」という言葉が頻出する。これは「アメリカの一極支配的先進国価値観による秩序」ではなく、「中国がロシアやインドと共にグローバ

ルサウスを包含した、多極的な世界新秩序」を構築するためのシグナルであるということができる。それを少し考察してみよう。

中露首脳会談では、両首脳の口から何度も「多極化」という言葉が飛び出した。会談後の中露共同声明でも、以下のような形で4ヵ所も「多極化」という言葉が出てくる。たとえば、

●世界情勢は劇的に変化しており、「和平、発展、協力、ウィン・ウィン」という歴史的潮流を阻害することはできず、**多極化**という国際的局面は加速的に形成されており、新興市場や発展途上国の地位は普遍的に増強されている。それは全地球的な影響力を持っており、自国の正当な権益を守りたいという地域や国家は絶え間なく増加している。

●「普遍性、開放性、包括性、非差別」を支持し、各国・地域の利益を考慮し、世界の**多極化**と各国の持続的発展を実現すべきだ。

●世界の**多極化**、経済のグローバル化、国際関係の民主化を促進し、グローバル・ガバナンスが、より公正で合理的な方向に向かって発展することを推進する。

●中国は、ロシアが公正的な**多極化**国際関係を築くために努力していることを高く評価する。

といった具合だ。

これらは何を意味しているかというと、「アメリカの価値観だけが世界で唯一正しく、その価値観に合致しない国々は滅びるべきである」として、「アメリカが同盟国や友好国と小集団（セクト）や軍事的ブロックを作り、対中包囲網あるいは対露包囲網を形成して中露を崩壊さ

せようとしていること」への中露両国の強烈な怒りを表している。

ウクライナに軍事侵攻しているロシアに、このような共同声明を出す資格はないと思う人は多いだろう。

しかしバイデン大統領が副大統領だった時に、他国政府であるウクライナに内政干渉してマイダン革命というクーデターを起こさせ、ウクライナの親露政権であったヤヌコーヴィチ政権を転覆させたのは確かだ。これは当時のオバマ大統領も認めているし、バイデン自身の自叙伝“Promise Me, Dad”（約束して、父さん）にも詳細に書いてある。

バイデンは同書の中で、マイダン革命を起こさせたあと、親露派のヤヌコーヴィチ大統領がロシアに亡命するまでの3ヵ月の間に9回もヤヌコーヴィチに電話して、「お前は終わった。ウクライナにはお前を支持する者はいない。早くモスクワに帰れ！」と執拗に脅迫している経緯が自慢げに記載してある。

あの時にバイデンの部下としてクーデターを起こさせ、マイダン革命という民主化運動を起こすことにヴィクトリア・ヌーランド（当時のオバマ政権の国務次官補。現在のバイデン政権の国務次官）が協力した。彼女がウクライナで新しく創り上げるアメリカの傀儡政権の人事に関して、当時の駐ウクライナのアメリカ大使ジェフリー・パイアットと打ち合わせている会話録音も残っている。本なので、それをお聞かせできないのが残念だが、興味のある方はhttps://www.youtube.com/watch?v=r5n8UbJ8jskにアクセスしてみていただきたい。そこにはまちがいなくヌーランドの声があるので、アメリカが他国に内政干渉して他国の政権を転覆させ、自国に都合のいい政権を打ち立てたのだけは確かだ。

マイダン革命時の傍証としてウクライナの民を懐柔しようと、クッキーを配る写真も残っているので本書にも掲載する（ヌーランドの隣にいるのはアメリカ大使パイアット）。撮影したのはロイターの記者Andrew Kravchenkoで撮影時期は2013年12月である。

暴動の最中であることを象徴するAP通信の写真もある。

この写真では、ヌーランドがやや不機嫌に「あなたたち餓えてるんでしょ？　こんなにクッキーがあるのに受け取らないの？」と言っているような気配を漂わせている。背景にあるキーウの街が暴動で瓦礫《がれき》と化しているところを見ると、最初の暴動が起きた2013年11月21日以降に撮影されたものだろう。事実、前述した通り、撮影時は2013年12月となっている。

バイデンやヌーランドの思惑通りに誕生した親米傀儡政権のポロシェンコ大統領にお祝いに行った写真も米政府側のウェブサイトにあった。

バイデンの意のままになる親米傀儡のポロシェンコ政権が誕生するまでは、ウクライナはNATO加盟に関して「中立を保つ」として自国の平和を守ってきた。それなのにバイデンはウクライナ憲法に「ウクライナの首相にはNATO加盟への努力義務がある」とさえ書かせた。これは多くの国際政治学者が認めている事実で、国際法違反である。

親露派政権の機動隊にクッキーを配るヌーランド
出典：ロイター

親米派に囲まれた時はうれしそう？
出典：ロイター

不機嫌そうな表情を見せるヌーランド　出典：AP

だからこそ中露共同声明では、カラー革命への強烈な抗議が込められているのだ。

序章でも書いたように、カラー革命というのはアメリカの全米民主主義基金（NED）が「世界各国の民主化を助ける」という名目で、他国に内政干渉して民衆を焚《た》きつけ民主化運動を起こさせて「アメリカの気に入らない国」の政府を転覆させる運動だ。「民主化」という言葉が頭につきさえすれば、まるで「良いことをやってあげている」ように聞こえるが、実は世界をアメリカの「一極支配」の下に置こうとする戦略でもある。

第六章の図表6-4に示したようにマイダン革命はNEDが起こしたカラー革命の一つだ。

プーチンのウクライナ軍事侵攻は認めるわけにはいかないが、かといってアメリカが「民主」の名のもとに他国政府を転覆させては戦争と混乱と災禍を人類に与え続けるのが良いことだとは思わ

ポロシェンンコ（向かって右）を祝うヌーランドとパイアット　出典：米国務省

ない人たちが、人類の「85%」はいるのである。

だからこそ、中露共同声明の精神には、**【「中露+グローバルサウス」を中心とする新世界秩序の構築】**という背骨が込められているのだ。

それが実現可能であるか否かは第二章で考察するとして、ここで注目しなければならないのは、この背骨こそが序章で書いた習近平の思考の軸**【兵不血刃】**であるということだ。ここに習近平の戦略の「戦火を交えない中国古来の兵法」が静かに、しかし深くうごめいていることを見のがしてはならない。

九．岸田首相訪ウで頓挫した習近平・ゼレンスキーのオンライン会談

本来、習近平は、3月20日から22日にかけてのモスクワ訪問でプーチン大統領のメンツを立てた後にウクライナのゼレンスキー大統領とオンライン会談をする流れになっていた。

しかし3月21日、まさに中露首脳による公式会談が華々しい演出の下で開催されたその瞬間に合わせるかのように、わが国の岸田首相はウクライナを電撃訪問し、ゼレンスキー大統領に会って「日本・ウクライナ共同声明」を発表した。共同声明の正式の名称は「日本とウクライナとの間の特別なグローバル・パートナーシップに関する共同声明」である。

その中の「地域及び国際場裏における協力」には、明らかに対中包囲網を意識した項目とと

もに、中国が「国益の核心中の核心」として位置づけている「台湾問題」が含まれている。その項目を図表1-1に示す。番号は共同声明の中の項目の番号である。

「**22**」の「欧州・大西洋とインド太平洋の安全保障の不可分性を認識し」は明らかにNATOの東アジアへの引き込みで、目的は対中包囲網の形成だ。「自由で開かれた国際秩序を維持・強化」も、「中国は自由でなく開かれてない」とするアメリカの対中戦略に沿うものである。「その目的に向けてゼレンスキー大統領は、防衛力の抜本的強化や外交活動の強化などを含む日本の国家安全保障戦略の策定を称賛した」という文言は、ゼレンスキーも対中包囲網に賛同したことを意味する。

「**23**」の「自由で開かれたインド太平洋

図表1-1　日ウ共同声明の中にある対中非難部分

番号	共同声明（地域及国際場裏における協力）の内容
22	両首脳は、**欧州・大西洋とインド太平洋の安全保障の不可分性を認識し**、自由、民主主義、法の支配といった基本的な価値や原則を共有する重要なパートナーとして、国連憲章にうたう目的及び原則に従い、法の支配に基づく**自由で開かれた国際秩序を維持・強化**すべく共に協力する意図を再確認した。 その目的に向けて、ゼレンスキー大統領は、防衛力の抜本的強化や外交活動の強化などを含む日本の国家安全保障戦略の策定を称賛した。
23	両首脳は、包摂的で法の支配に基づく**、自由で開かれたインド太平洋（FOIP）の実現に向けて協力することで一致した。**
24	両首脳は、国際法、特に、平和的手段によって紛争を解決する義務に係る規定のある国連海洋法条約（UNCLOS）を尊重すること、並びに**航行及び上空飛行の自由を維持**することの決定的な重要性を再確認した。
25	両首脳は、**東シナ海及び南シナ海情勢への深刻な懸念を表明し、力又は威圧によるいかなる一方的な現状変更の試みにも強く反対した。また、両首脳は、国際社会の安全と繁栄に不可欠な要素である台湾海峡の平和と安定の重要性を強調し、両岸問題の平和的解決を促した。**

筆者作成

（FOIP）の実現に向けて協力することで一致した」は、アメリカのバイデン大統領が唱える最大の対中包囲網にゼレンスキーが協力すると誓ったことを意味する。

「24」の「航行及び上空飛行の自由を維持する」は、米軍が実施している、南シナ海における中国に対する牽制《けんせい》である「航行の自由作戦」を指している。米軍が中国を牽制していることにゼレンスキーが賛同していることになる。

「25」は、中国にとって絶対不可侵である国益の核心中の核心「台湾問題」に関するアメリカの干渉を肯定した内容になっている。日本はアメリカに従って「台湾海峡の平和と安定」という言葉を使っているが、これは一見、日米が「平和」を望んでいるように見せかけながら、実は「台湾有事」を煽っている現実の裏返しであると中国は見ている。

すなわち中国にとって台湾は、1971年10月に国連で認められた「一つの中国」原則によって「台湾は中国の領土の一部分」であり、中華人民共和国憲法にも「台湾は中国の神聖なる不可分の領土の一部分」と明記してあるので、武力攻撃などする必要はない。何としても「平和裏に統一したい」だけである。中国から見れば、その権限を国連が中国に与えたようなものだと思っている。何と言ってもアメリカが率先して「中華民国」（台湾）と国交を断絶し、台湾を国家として認めなかったのだから。

ところが今となっては中国の経済力や軍事力が増強したため、半導体などの最先端製造工場がある台湾を中国が「平和裏に統一」してしまったら、アメリカが世界の「ナンバーワン」であることを維持できなくなる。だから中国が台湾を武力攻撃するしかない方向に中国を追い込んでおきながら、「武力攻撃反対！」と叫び、「台湾海峡の平和と安定を望む」と聞こえのいいことを叫ぶのだ。このような「茶番」が「国際秩序」としてまかり通っているのが、現在の「西側の価値観」であると中国は見ている。

これはアメリカのNEDが秘かに進めている「カラー革命」の一種だ。かつて日本を「アメリカ脳」にしたのと同じように、静かに精神的カラー革命を起こさせている結果だと中国は位置付けているのである（詳細は本書の第六章で）。

その「西側の茶番劇にゼレンスキーが乗ってしまった」。

このことに対する中国の怒りは、実は尋常ではない。本章の**四**で述べたように、中国とウクライナは非常に友好的な国同士だった。ウクライナは建国と同時に中国と国交を結んでいるが、建国以来、ただの一度も中国を非難したことがない。

だというのに、こともあろうに習近平が第三期目の政権誕生後、晴れやかに外交戦略の第一歩を歩もうとしたその日に、日本はゼレンスキーを巻き込んで、対中包囲網の完成に向けて深く食い込んできたのだ。

岸田首相のウクライナ電撃訪問は、日時を中露首脳会談にピタリと合わせただけでなく、日ウ共同声明の内容も完全にアメリカの意図を色濃く滲《にじ》ませた言動以外の何ものでもない。バイデンが邪魔をしようとしていることは明らかだと解釈した中国は、本来なら、中露首脳会談に続くはずだったゼレンスキーとのオンライン会談の機運を削《そ》がれてしまった。

ところが第三章で詳述するように、フランスのマクロン大統領が4月6日に中国を国賓として訪問した際、「アメリカに追従すべきでない」と発言したことから、習近平としては中仏首脳会談中にマクロンが「中ウ首脳会談が早期に実現することを強く望む」と言ったことを重視したのか、ついに4月26日に習近平はゼレンスキーとの電話会談を実現したのである。フランスメディアは「マクロン大統領の発言があったからだ」と大きく報道している。

中国共産党の管轄下にある中央テレビ局CCTVの報道によれば、習近平はゼレンスキーに「対話と交渉こそが唯一の実行可能な解決方法であり、核戦争に勝者はいない」とした上で、「ロシアとの和平交渉を進めるため、中国政府の特別代表をウクライナに派遣し、関係者と綿密な意思疎通を行う」と表明した（5月12日、中国はユーラシア問題特別代表として李輝を選び、ウクライナ、ポーランド、フランス、ドイツ、ロシアを訪問しウクライナ危機の政治的解決のための交渉に当たらせると発表している）。

4月26日、習近平はまた「中国は責任感のある多数派の国として対岸の火事を眺めることも、そこに油を注ぐこともしない。ましてや、この危機から利益を得ようともしていない」と述べたと、CCTVは報道している。ここで言う「火に油を注ぐ国」とはアメリカと、アメリカの指示に従うNATO諸国を指しており、「この危機から利益を得ようとしている国」は、まさに戦争ビジネスで近来にない大儲けをしているアメリカを指しているのは言うに及ばない。

これに対しゼレンスキーはツイッターに「危機の解決のために、中国が果たす重要な役割を歓迎する」と投稿し、「両国関係を進展させる力強い推進力になるだろう」と歓迎的だ。

ゼレンスキーとしては、アメリカの支援を得たいというのが最優先事項で絶対的だろう。だからバイデンの差し金だということが明確であればあるほど、岸田首相の意向に沿った日ウ共同声明を発表した。あれだけ対中批判をしておきながら、ツイッターに習近平の提案する「和平案」を肯定するようなことを書くのは、何とも矛盾しているように見える。

しかし、プーチン同様、ゼレンスキーとて、戦争を長引かせば長引かせるほど自国民の命がその分だけ犠牲になることは分かりきっているはずだ。国力も低下していく。だから戦争を終わらせたいのは山々だろうが、ギリギリまでは「絶対に勝つ」と言い続けなければならないし、また実際に勝たずに停戦を迎えたくないという気持ちも強いだろう。

そのため西側諸国には、より高度の武器の提供を要求し、一方では習近平の「和平案」を完全否定することもしない。だからこそ日本は戦争を長引かせないために、中立的な役割を果たせるはずなのに、岸田首相は絶対にその方向には動かないのである。

十、NATOを東アジアに導き、戦争体制に貢献する岸田首相

岸田首相にしてみれば、2023年5月19日には広島でG7首脳会談を開催するのだから、その議長国としてG7の中でウクライナを訪問していないのは日本だけになるのを避けるためウクライナを訪問したという理屈は立つだろう。

それは分からないではないが、G7の中でアジアの国であるのは日本だけだ。この事実を逆から見れば、「NATOに加盟していないのは日本だけだ」ということになる。今ウクライナ戦争で「武器支援」という形でロシアと戦っているのは、アメリカをトップとしたNATO諸国である。ウクライナを戦場とした米露の代理戦争でしかなく、日本はそれに加担する必要はない。G7の中で唯一、孤高として中立を保っていてもいい立場にある。

つまり中国のように、いや、中国よりも良いポジショニングでウクライナ戦争停戦に向けての仲介役をやれる、滅多にないチャンスが与えられているのである。

その折角のチャンスを活かさず、アメリカ追従ばかりをして、「NATOを東アジアに持ってくる」という役割を果たし、それを「誇らしい」とさえ思っている表情が満面に出ている。大東亜戦争に突入していった時の、あの日本の驕《おご》りを彷彿《ほうふつ》とさせる。

事実、2023年5月9日（アメリカ時間）、アメリカの『タイム』誌が岸田首相の顔写真を表紙に載せ、「日本の選択―岸田首相は数十年間の平和主義を捨て、日本を真の軍事力を持っ

た国にすることを望んでいる」というタイトルで特集を組んだ。中にあるインタビュー記事のタイトルにも「岸田首相はかつて平和主義だった日本を軍事大国に転換しようとしている」と書いてある。

『タイム』誌には岸田首相が安全保障政策を大きく転換したことに着目して、「東アジアの外交関係の変革に着手するとともに、防衛費を大幅に増額した」と指摘し、中国を牽制したいアメリカに後押しされたものと高く評価している。

5月12日に林芳正外相が記者会見で明らかにしたところによれば、日本の外務省としては「表題と中身に乖離《かいり》がある」としてタイム誌に抗議したとのことだが、いやいや、むしろ『タイム』誌こそ、ずばり日本の位置付けを言い当てていて、このタイトルと表紙の写真に絶賛を送りたいくらいだ。

この写真――！

まさに第二次世界大戦に突入する前の「大日本帝国」の軍部の顔、そのままではないか。

カメラマンや編集責任者の腕前が光る写真

出典：『タイム』誌表紙

隣にヒットラーがいてもムッソリーニがいても違和感がないほどだ。むしろ『タイム』誌のカメラマンや編集責任者に感心してしまう。

世界から見れば、日本はこのようにしか見られていないということになる。非米陣営である人類の「85％」だけでなく、肝心のアメリカからさえ、日本は「ついに平和主義を捨てて、軍国主義に進もうとしている」とみなされているということだ。ウクライナ戦争を支援するというのはそういうことであり、その先にあるのは「台湾有事」でしかない。

これらがすべて実はＣＩＡによって仕組まれた動きで、日本に「台湾有事」に向けて「突撃せよ！」という進軍ラッパをＣＩＡが鳴らしていることに日本は気づいていないだろう。

それを疑う方は、先に本書の第六章にお目通しいただきたい。

アメリカに追随するこの一連の動きは、図表6-8の最終行に「台湾有事」が加わり、「対象国・地域」として「日本」と「台湾」が書かれるという結果を招くだけだ。命を落とすのは台湾人や日本人で、しかも犠牲者の数も尋常ではないだろう。

第二章

中国が招いた
中東和解外交雪崩が
地殻変動を起こす

一、習近平が国家主席に三選した日にイラン・サウジ和解を発表

3月10日、中国（中華人民共和国）とイラン（イラン・イスラーム共和国）、サウジ（サウジアラビア王国）の3ヵ国による共同声明が出された。イランのシャムハニ最高安全保障委員会事務局長とサウジのアイバン国家安全保障顧問は3月6日から10日まで北京に滞在し、中国外交トップ王毅と会談した。

イランとサウジは2016年1月3日から断交していた。

というのは、両国ともイスラム教国ではあるが、シーア派（イラン）とスンニ派（サウジ）に分かれて争っていた。特に2016年1月2日にサウジでイスラム教シーア派聖職者を処刑したことから、イランで激しい反サウジデモが展開され、以来、中東の近隣諸国を巻き込む形で争いが絶えなかったからだ。

そもそも1953年8月19日、アメリカ中央情報局CIAとイギリス秘密情報部MI6（どちらもアングロサクソン系でファイブアイズのメンバー組織）がイランでクーデターを起こさせ、イランの当時のモハンマド・モサッデク首相を追放して政権を転覆させ、モハンマド・レザー・シャー・パフラヴィー皇帝（以後、パフラヴィー皇帝）による「**親米傀儡政権**」をイランに樹立させた。

この背後には、石油利権をめぐるイランとイギリスの争いがあった。

実は国民の圧倒的支持を得て１９５１年４月に首相に就任したモサッデク首相は、イランの豊富な資源である石油利権をイギリス系の「アングロ・イラニアン石油会社」が独占しているので、その支配下から逃れるため、「石油国有化」を断行した（石油公有化運動）。それに対して１９５３年８月19日に、アメリカのＣＩＡとイギリスのＭＩ６が周到な計画の下にイランでクーデターを起こさせて、モサッデク首相を追放したのである。

こうして権力を集中させたパフラヴィー皇帝は、１９５７年にアメリカのＣＩＡとＦＢＩ（連邦捜査局）およびイスラエルのモサド（イスラエル諜報《ちょうほう》特務庁）の協力を得て国家情報治安機構を創設し、アメリカの力を背景に独裁色を強めていった。

そこで１９７８年１月に、パフラヴィー皇帝の独裁に反抗するイランの民衆による大規模な反政府デモ（イラン革命）が発生し、１９７９年４月

3月10日、王毅とイラン・サウジ代表　出典：新華社

1日にイラン・イスラーム共和国（現在のイラン）を樹立した。これは親米の傀儡政権をイランの民衆が倒して誕生した「イラン人のためのイラン人による」共和国である。以来、アメリカはイランを敵視し、1980年4月に国交断絶して、経済制裁を発動し続けている。

片やサウジの背後にはつねにアメリカがあり、言うならばアメリカの同盟国のようなものだった。少しさかのぼって眺めると、その相克は以下のようになっている。

すなわち1933年、アメリカの石油会社スタンダード・オイル・オブ・カリフォルニアの子会社、カリフォルニア・アラビアン・スタンダード・オイル・カンパニーが、サウジアラビア国王との合意書に調印し、石油利権を取得した。この会社がのちにアラビアン・アメリカン・オイル・カンパニー（通称アラムコ）に社名変更し、さらにサウジに国有化されて、現在の国営石油会社「サウジアラムコ」となった。

第二次世界大戦後、アメリカはイスラエル建国を支持し、一時期サウジとの関係が悪化した。ところが1962年にイエメン革命が起きた時、エジプトがイエメンの基地からサウジを攻撃したものだから、サウジはアメリカに支持を求めた。ケネディ大統領が1963年7月に米軍機をサウジに派遣し、両国の関係はやや親密さを取り戻している。

1974年、当時のアメリカのキッシンジャー国務長官（共和党）とサウジのファハド皇太子が「サウジがドル建てで石油を提供し、アメリカがサウジに安全保障を提供する」というワシントン・リヤド密約を締結し、ペトロダラーの体制を築いた。これが、その後のドル支配をもたらした。1990年のイラクによるクウェート侵攻の時、サウジがアメリカと軍事・経済で同盟関係を結び、米軍のサウジ国内大量配備を許した。それによりサウジとアメリカの関係は緊密さを増した。

しかし2006年以降、アメリカでシェール革命が起こり、2013年時点でアメリカが世界最大の天然ガス生産国となっただけでなく、石油生産量も急速に拡大したため、石油で結ばれていたサウジとアメリカの関係に溝が発生し始めた。

決定的となったのは2018年10月、ジャーナリストのジャマル・カショギ殺害事件が起き、サウジ側が同氏を殺害したのだろうとして、アメリカのサウジ批判が始まったことだ。それでもトランプ政権時には、それほど荒立てていなかったのに、バイデン政権になってから激しく人権問題として非難したため、両国の間に埋めがたい溝ができてしまった。

このようにサウジに対するアメリカの影響力が低下しているところに、絶対に仲良くできないと思われていた反米のイランと親米のサウジを、中国が仲介して和睦させたのは、とてつもなく大きな「事件」だと言っても過言ではないだろう。

中東周辺諸国もみな礼賛の意を表し、中東におけるアメリカの影響力は一気に後退していった。これは第一章で述べたウクライナ戦争「和平案」とともに、世界に地殻変動を起こすきっかけとなった出来事だと言える。

中国共産党傘下の中央テレビ局CCTVは以下のように高らかに解説した。

――イランとサウジの和解に関して最も重要な文字は3文字ある。それは**【在北京】**（北京で）という3文字だ。西側諸国、特にアメリカには絶対に成し得なかったことを**【北京】**がやってのけたということだ。西側は世界各地で戦争を引き起こし、火に油を注ぎ続け、国際社会を分断させることに余念がないが、中国はその逆の方向に動いている。人類運命共同体を軸に、世界に和睦と平和をもたらそうとしているのは**【中国だ】**ということが、これで明らかになっただろう。

これこそは正に習近平の**【兵不血刃】**戦法なのだ。それでも習近平がなぜこのタイミングでこのような挙に出たのかに関して、「これまでの経緯」「その狙いは?」「なぜ全人代（全国人民代表大会）開催中なのか?」など、いくつかの視点から分析しなければならない。

二、これまでの習近平政権と中東関係の経緯

習近平が中東に近づいた最初の動機は「一帯一路」だ。

「一帯一路」とは中国から陸を伝い、海を渡って西へ西へと進み巨大経済圏を形成していくものだ。習近平が国家主席になった2013年からこの構想は始まっていた。ヨーロッパへの出

口としてウクライナは重要だった。そしてさらに南西の方向の中東を抑えるため、習近平は自ら中東産油国を訪問すべく、2015年4月の日程を組んでいた。ところがイエメン内戦が起きたため、中東訪問は延期された。

イエメン内戦というのは、2011年に起きた「イエメン騒乱」にさかのぼる。これはアメリカのNED（全米民主主義基金）が「各国の民主化を支援する」ということから中東で起こさせたカラー革命である「アラブの春」の一環だが、2015年3月25日に再燃したのだ（NEDについては第六章で詳述する）。

そこで2015年後半になると、2016年1月にイランやサウジを含む中東主要産油国を訪問することが再び日程にのぼった。

ところが、2016年1月2日に前述のようなシーア派聖職者処刑事件がサウジで起きたので、本来ならば1月に予定されていた中東訪問はまたしても中断するしかなかったはずだ。

ところが、習近平は逆に出た。アメリカから非難を受けて窮地に立っている状況があるからこそ、あえてイランやサウジなどを訪問し、当該国と単独に戦略的パートナーシップ協定を結んだのである。

実はサウジは習近平に「イラン訪問を取り消してサウジだけを訪問してほしい」と頼んできた。しかし習近平はその要求を断っている。「中東で敵を作りたくない。みな運命共同体だ。もし私がイランだけを訪問して貴国（サウジ）を訪問しなかったら、我々両国は敵対国になってしまうだろう。わが国にはイランも大切だが、サウジはそれ以上に大切だ」という趣旨の回答をして、サウジを先に訪問した。

サウジを先に訪問しても、イランは中国を敵対視しないのを知っているからだ（理由は後述）。習近平は２０１６年１月19日にサウジを訪問して中国・サウジ間の「包括的戦略パートナーシップ協定」に署名し、１月22日にイランを訪問してイランとの間で同じ「包括的戦略パートナーシップ協定」を23日に結んだ。別の見方をすれば、中国はイスラム圏紛争により「漁夫の利」を得たとも言えよう。

その「漁夫の利」はウクライナ戦争が起きると、突如「石油人民元」勢力圏拡大へと、習近平の中東戦略を変えさせていった。

拙著『ウクライナ戦争における中国の対ロシア戦略』の第二章の【四　対露ＳＷＩＦＴ制裁は脱ドルとデジタル人民元を促進する】で詳述したように、中国は当時の王毅外相を遣わせて猛然たる勢いで中東産油国を駆け巡らせ、「石油人民元」を中心とした「非ドル経済圏」形成に突進している。

決定打となったのは２０２２年12月７日の習近平によるサウジ訪問だ。

12月７日、習近平が乗った専用機がサウジの領空に突入すると、サウジ空軍の戦闘機４機が護衛のため一斉に離陸した。専用機がサウジの首都リヤド上空に入った瞬間、今度は６機の

「サウジ・イーグル」護衛機が習近平の専用機に同行した。

習近平がリヤドのキング・ハーリド空港に到着すると、空港では21発の礼砲が鳴り響き、サウジ護衛機が空中に中国国旗を象徴する赤と黄色の帯模様を描いた。習近平がタラップを降りると、紫色の絨毯の両側に儀礼の兵士が並び、中国とサウジの国旗をはためかせた。リヤド州知事、ファイサル外務大臣、中国担当大臣、その他の王室の主要メンバーと政府高官が出迎えた。

2022年7月のバイデン大統領のサウジ訪問時に、出迎えが駐米サウジ大使や州知事だけで、タラップを降りた後も閑散としていたことと比較して、台湾のネットテレビは「大笑い」している。特にカービー報道官が記者団に対して、「中国は国際的なルールに基づく秩序の維持に資しない方法で中東における影響力のレベルを深めようとし

中国・アラブサミットを初開催　提供:Saudi Press Agency/ロイター/アフロ

ている」＝「中国は中東に影響力を与えることによって国際秩序を乱している」と述べたとして、番組では「アメリカの利益を損ねただけで、別に国際秩序を乱してはないんじゃないの？」と皮肉っている。

バイデンはサウジに石油の増産を頼んだが、サウジは逆に激しい減産を決定したので、アメリカの影響力が損なわれていることへの苛立《いらだ》ちはあるだろう。

12月8日には習近平はサルマン国王と会い、両国間における包括的戦略パートナーシップ協定への署名を行ない、2年ごとに首脳会談を実施することで合意した。その後ムハンマド皇太子とともに、12件の2国間協定・覚書の締結に立ち会った。サウジプレスエージェンシー(Saudi Press Agency)の報道による事業を含めると、主な内容には以下のようなものがある。

●サウジアラビアの「ビジョン2030」と中国の「一帯一路」構想との協調計画。
●両国間の民事、商業、司法支援に関する協定や直接投資奨励の覚書。
●中国語教育への協力に関する覚書。
●サウジと中国の会社は34の投資協定に署名した。
●デジタル経済や情報通信技術分野を含み、ファーウェイ製品使用を約束。

9日、習近平はリヤドで湾岸協力会議首脳やアラブ諸国首脳との会議に出席した。中国と湾岸諸国やアラブ諸国とのサミットは初開催だ。

湾岸協力会議とは、1981年に設立された中東・アラビア湾沿岸地域における地域協力機構で、加盟国は「バーレーン、クウェート、オマーン、カタール、サウジアラビア、およびアラブ首長国連邦（UAE）」の産油6ヵ国である。

「アラブ諸国」とは、イスラム教の聖典に基づきアラビア語を話す人々が住む国々のことで、政治学的には「アラブ連盟」というのがある。2011年に「アラブ連盟」からシリアが除名されたため、メンバー国を書くときに注意が必要だが、図表2-1、図表2-3で後述するように、シリアは、このたびの「中東和解外交雪崩現象」の中でアラブ連盟に復帰した。ただし、習近平が「アラブ諸国」首脳と会った2022年12月時点ではまだ復帰していなかったので、シリアを除くアラブ連盟首脳とサミットを開いたことになる。すなわち「アルジェリア、バーレーン、コモロ、ジブチ、エジプト、イラク、ヨルダン、クウェート、レバノン、リビア、モーリタニア、モロッコ、オマーン、パレスチナ、カタール、サウジアラビア、ソマリア、スーダン、チュニジア、アラブ首長国連邦、イエメン」の首脳たちだ。

注目すべきは、習近平がそれらの首脳会議で、「中国は今後3年から5年で、湾岸諸国やアラブ諸国と次の重要な協力分野で努力する意向がある」と前置きして、「上海石油ガス貿易センターのプラットフォームなども十分に活用しながら、**石油や天然ガス貿易の人民元決済を展開したい**」と述べたことである。すなわち、中国がエネルギーを輸入する際に人民元建ての取引を広げたいとの意欲を表明し、参加者の賛同を得たのだ。

サウジとは個別に中国浙江省義烏《ぎう》市との間で初の「クロスボーダー人民元決済」業務が完了

している（ちなみに2021年末までのデータで、中国人民銀行は40ヵ国や地域と通貨スワップ協議をサインしており、25ヵ国や地域で27の海外人民元清算銀行を設立している）。

2023年2月14日にはイランのライシ大統領が訪中して習近平と会談した。同大統領に習近平は「中国は常に戦略的観点からイランとの関係を捉え発展させており、国際・地域情勢がどう変化しようとも、いささかも揺らぐことなくイランとの友好的協力を発展させ、両国の包括的な戦略的パートナーシップが絶えず新たな発展を遂げる後押しをし、百年間なかった大きな変化の中で世界の平和と人類の進歩のために積極的な役割を果たしていく」と表明した。

サウジには習近平自らが訪問し、イランには大統領を訪中させるということでも、中国にとって「イラン・サウジ」を平等に扱っていると位置付けることができる。これは、「イランはどのようなことがあっても中国から離れない」という確固たる自信があるからだ。友誼《ゆうぎ》を誓い合ってさえいれば、サウジのように駄々をこねたりはしない。なぜなら、イランはアメリカから制裁を受けている国として「中国・ロシア・北朝鮮」とは友誼の手を揺るがせないからだ。

こうして3月10日に「中国・イラン・サウジ」3ヵ国共同声明が発表され、中国はアメリカにはできなかった「中東紛争国の和睦」の一つを成し遂げたのである。これはまさに、1974年にサウジとアメリカが創り上げた「ペトロダラー制度」に別れを告げ始めた瞬間であったと言っても過言ではないだろう。

それにしても、なぜ全人代開催中の3月6日に訪中し、3月10日に「中国・イラン・サウジ」3ヵ国声明を発表したのだろうか？

実は何としても、この「3月10日」を選びたかった強烈な理由がある。

それは「3月10日は習近平が全人代で国家主席に選出された日」だからだ。そのことは、サウジアラビア外交部の公式ツイッターで発表された共同声明の英語版にも如実に表れており、習近平を尋常でなく褒めまくっていることからも窺うことができる。

これは習近平三期目スタートに対する祝砲だったのである。

三、中国仲介後の中東和解外交雪崩現象

その3月10日の「中国が仲介したイラン・サウジ和解」をきっかけに、中東では雪崩を打ったように和解外交が突然加速している。その時系列を図表2-1として示す。

イランやイラクは言うまでもないが、中東諸国のほとんどはアメリカの内政干渉やアメリカが仕掛けた「正義なき戦争」により、多くの人命を失いながら混乱と戦争に明け暮れる日々に追い込まれてきた。

くり返しになるが、**「他国の民主化を支援する」**という名目で設立されたNED（全米民主主義基金）は、アフリカの一部をも含む中東全域の民を、「民主化させる」ことを名目に「アラ

図表2-1　2023年中東和解外交雪崩現象の時系列

日時	中国、イラン・サウジ和解仲介後の中東における和解外交雪崩現象
3月10日	イランとサウジが中国の仲介で和解
3月13日	ベラルーシ大統領がイラン訪問
3月13日	イラン外務省報道官がバーレーンとも国交正常化したいと発言
3月15日	シリアのアサド大統領がモスクワ訪問、プーチン大統領と会談
3月16日	イラン最高国家安全会議議長がアラブ首長国連邦を訪問し、アラブ首長国連邦のムハンマド大統領と会談
3月18日	トルコ外相が10年ぶりにエジプト訪問
3月19日	イラン最高国家安全保障会議議長がイラク訪問
3月19日	イラン大統領がサウジ国王の訪問要請を受け取ったと発表
3月19日	シリア大統領がアラブ首長国連邦を訪問し、アラブ首長国連邦のムハンマド大統領と会談、アラブ連盟への復帰について話し合う
3月20日	サウジとイランの代理戦争イエメン内戦で捕虜交換合意。内戦終結の見通し
3月25日	トルコ大統領とロシアのプーチン大統領が電話会談
3月26日	イラン外相とサウジ外相が電話会談、4月6日に北京で、会談予定
3月28日	習近平とサウジ皇太子兼首相と電話会談
3月29日	サウジアラビア内閣が正式に上海協力機構への加盟を採決
4月1日	シリアのメクダド外相がエジプト訪問、国交正常化についてエジプトのシュクリ外相と会談
4月3日	モスクワで「ロシア・トルコ・イラン・シリア」4カ国副外相級会談開催
4月4日	7年ぶりにイランがアラブ首長国連邦へ大使を派遣
4月6日	ロシア外相がトルコを訪問
4月6日	イラン外相とサウジ外相が北京で会談、外交関係の再開を宣言し、共同声明を発表
4月7日	イラン外相とフランス外相が北京で会談
4月8日	サウジ代表団がイラン首都へ到着し、大使館の再開を協議
4月9日	サウジ・オマーン代表団がフーシ派最高政治評議会のマフディ・アルマシャート議長と会談、イエメン内戦の終結を協議
4月11日	英テレグラフはシリアが数週間以内にアラブ連盟に再加盟する見通しと報道
4月12日	カタールとバーレーンが外交関係を再開すると発表
4月12日	シリア外相がサウジ訪問、共同声明を発表
4月14日	シリアのアラブ連盟サミットの参加とアラブ連盟への復帰について、9カ国がサウジで会議
4月29日	中国中東問題特使翟隽がシリアを訪問
5月3日	イラン大統領がシリアを訪問、貿易・石油に関する協定を結ぶ
5月5日	アラブ首長国連邦、クウェートが正式に上海協力機構対話パートナーへ加盟
5月7日	アラブ連盟がカイロで非公開の外相級会合を開き、シリアをアラブ連盟に復帰させることを承認
5月9日	サウジアラビアとシリアが外交使節団の業務再開と発表
5月10日	モスクワで「ロシア・トルコ・イラン・シリア」4カ国外相会談開催、トルコとシリアの関係正常化について議論

筆者作成

ブの春」（カラー革命）と言われる民主化運動に駆り立てた。民主化するのは良いことのように見えるが、実は中東の秩序を乱し、果てしない混乱と災禍の連鎖をもたらしただけだった。NEDはアメリカの戦争ビジネスを操るネオコン（新保守主義者）の根城のようなものなので、当然の結果かもしれない。

事実、中東の国々には、「アメリカは内政干渉ばかりして中東を混乱に陥れるが、中国は内政干渉せずに中東各国に安定と経済的メリットをもたらす」と映ったと、数多くの中東メディアが報じている。その結果が図表2-1に表れている。

この時に見落としてならないのは、まるでスタンバイしていたように3月15日にシリアのアサド大統領がモスクワを訪問し、プーチン大統領に会ったことだ。

シリアはアメリカが敵視する国の一つで、アサドとプーチンは仲が良い。

一方、トルコのエルドアン大統領もNATOに加盟しながらも、個人的にはプーチンとは昵《じっ》懇《こん》の仲である。

シリア内戦ではシリアの反政府勢力をトルコが支持していたので、シリアとトルコは国交断絶状態だった。ところが2022年12月28日、トルコとシリアの高官がモスクワを訪問して「ロシア・トルコ・シリア」の3ヵ国会談が行なわれ、プーチンが3ヵ国間の機構設立を提案したとのこと。これはちょうど、2022年12月7日の習近平によるサウジ訪問と呼応した動きだ。

シリア内戦もまた、もともとアメリカの戦争ビジネスを操るネオコンの根城のようなNEDが2010年~2011年にかけて起こした「アラブの春」（カラー革命）と言われる民主化運動により始まった内戦だ。「民主」という美名を使っているが、実際は多くの国をアメリカの一極支配下に置くというのが目的だ。

「アラブの春」により、エジプトでは30年続いたムバーラク政権が、リビアでは42年続いたカダフィ政権が崩壊した。しかしシリアではアサド政権が40年にも渡って続いており、まだ打倒されていない。だからアメリカはアサドを目の敵にしているが、アサドの背後にはロシアやイランなどがいる。

そのイランとアメリカの同盟国だったはずのサウジを中国が仲介して和睦させたように、実はプーチンが仲介してシリアとトルコを和睦させようとしている。

2023年3月15日のアサドとプーチンの会談では「トルコとシリアの和睦」に関しても話し合われたとのこと。

最終的には2023年5月7日に、シリアのアラブ連盟への復帰が決定された。5月7日、アラブ連盟はカイロで臨時外相会合を開催し、2011年にシリアに科した参加資格の凍結を解除すると決定したのだ。12年ぶりの和睦である。

アメリカができなかったことを、中露が実現する。これはとてつもない地殻変動を招く。

実はアフリカの多くの国はプーチンを支持しているという事実もある。

冷戦時代、旧ソ連はアフリカの多くの国に軍事支援や経済支援を提供していた。冷戦終結後のロシアにとってアフリカの重要性は薄れ、影響力が弱まった時期もあったが、ウクライナのクリミア半島を併合した後、ロシアは再びアフリカに注目し、20ヵ国前後のアフリカ諸国と次々と軍事協定を締結してきた。アメリカの干渉はアフリカに混乱を招き、今となっては「ロシアこそが自国を助けてくれる」というアフリカ諸国は少なくない。

そのため2022年3月2日における「ウクライナからのロシア軍即時撤退の国連決議案」では、アフリカの国は「反対1、棄権17、不参加8」で合計26ヵ国がロシアを非難しなかった。

また習近平が訪露してプーチンと会った2023年3月20日、実は同時に「**多極世界におけるロシア・アフリカ会議**」がモスクワで開幕していた。その閉幕式でプーチンは「今後もアフリカとの協力関係を深め、200億米ドルを超える国債の支払いを免除する」と表明している。

こうして、第一章で述べた中露共同声明の舞台は準備されていたのである。

中東やアフリカなどの位置関係のイメージが湧くように、念のため中東の地図を眺めてみよう。国名を明示したのが、中東の主な国々だ。

図表2-1では、あまりに凄まじい「雪崩現象」なので、もう少し分かりやすいように、その相関図を描くと図表2-3のようになる。

雪崩現象というか、ドミノ倒しというか、3月10日の中国によるイラン・サウジ和解仲介は、唸りをあげて凄まじい地殻変動を世界地図に描き始めたのだ。

中でも1953年における米英によるイランの政府転覆とアメリカの言いなりになる傀儡政権の樹立に関して詳細に書いたのは、これらの中東和解外交雪崩現象の根源にあるのは、アメリカによる「カラー革命」という内政干渉があるからだ。NEDが設立される前までは、CIAやFBIが活躍していたが、NEDが設立されてからは、「アラブの春」にしろ、第一章で書いたウクライナの「マイダン革命」にしろ、すべて背後にはNEDがいるということを私たちは認識しなければならない。

たしかにロシアが今ウクライナを武力攻

図表2-2　和睦に向かう中東諸国

出典：白地図に筆者が記入

撃しているのは許されない。

しかしこれは、これまで約40年間にわたってアメリカが全世界に撒《ま》き散らしている「東欧革命」を含めた「カラー革命」の結果であって、中東の国々は「アラブの春」のせいで互いが激しく武力攻撃し合う年月を送ってきた。テロを生んだのもアメリカだ。

その「カラー革命」の一つが、バイデンが仕掛けたマイダン革命で、その結果が招いたウクライナ戦争が今、目の前で展開されているために、よほどロシアが特殊だと思ってしまうかもしれないが、同様の戦闘は中東で何十年にもわたって繰り広げられてきている。

中東諸国は、その災禍と疲弊に懲《こ》りて、「今後二度と再び、アメリカの思うままにさせてなるものか！」ということに目覚め、その気概で固く結ばれているということだ。

イランとサウジの和睦効果は、1979年から国交断絶していた「イランとエジプト」の和睦を引き起こしている。先述した2022年の習近平によるサウジ訪問に合わせて、イランとエジプトが接近する効果も導き出した。イラン・エジプト両国が国交断絶に至ったきっかけにはアメリカが介入したイスラエル問題があったが、両国は「アメリカのイラク占領政策への批判」で完全一致を見ている。イラン・エジプトが国交を回復するのは時間の問題だろう。

また2023年3月9日には、中国政府の中東問題特使がイスラエルを訪問しパレスチナ問題について意見交換を行い、4月17日には秦剛外相がイスラエルとパレスチナの外相に個別に電話し、「中国はサウジとイランの和睦を仲介したようにイスラエルとパレスチナの和睦をも

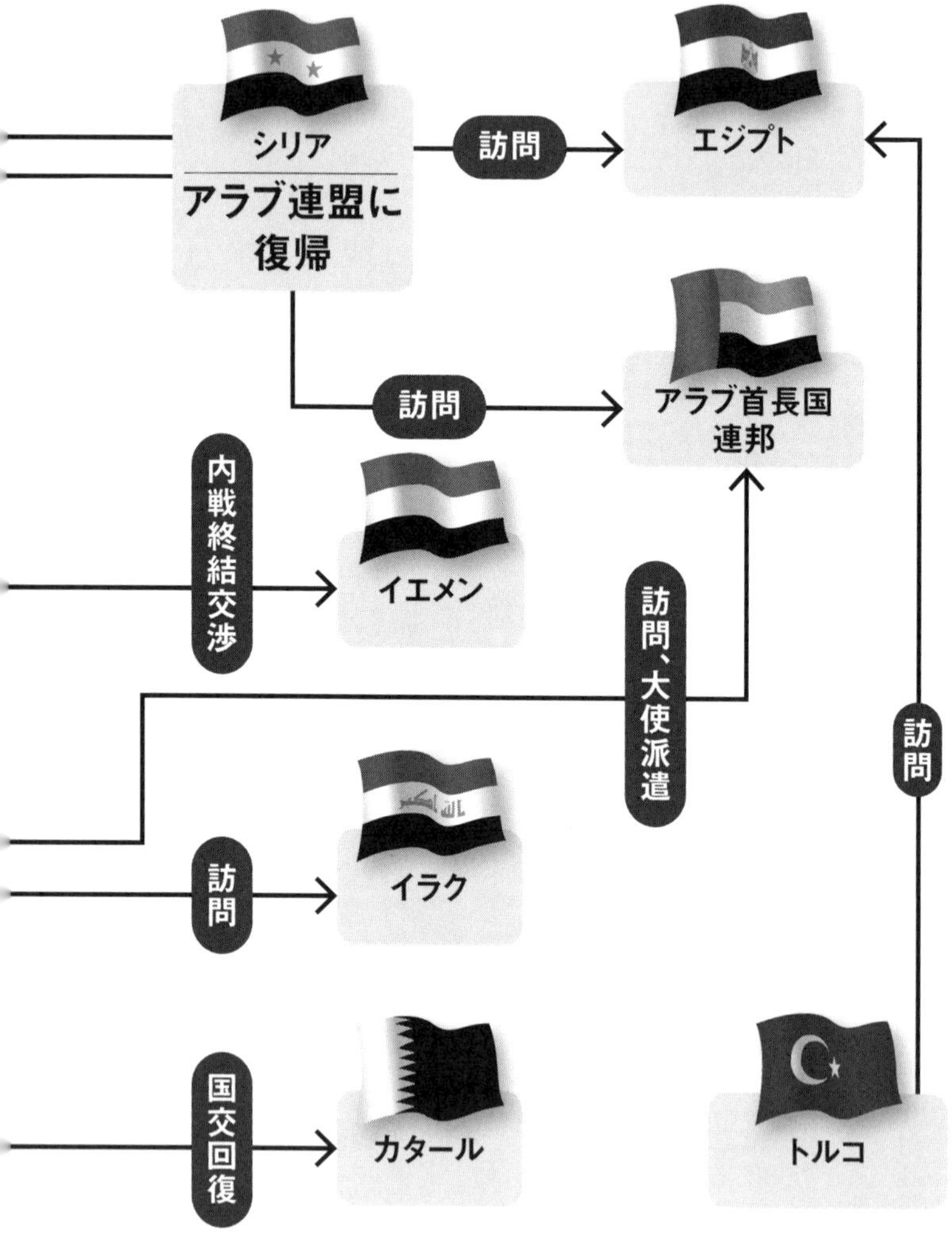
シリア
アラブ連盟に
復帰
訪問
エジプト
訪問
アラブ首長国
連邦
内戦終結交渉
イエメン
訪問、大使派遣
訪問
訪問
イラク
国交回復
カタール
トルコ

筆者作成

図表2-3　中・露と中東各国の関係

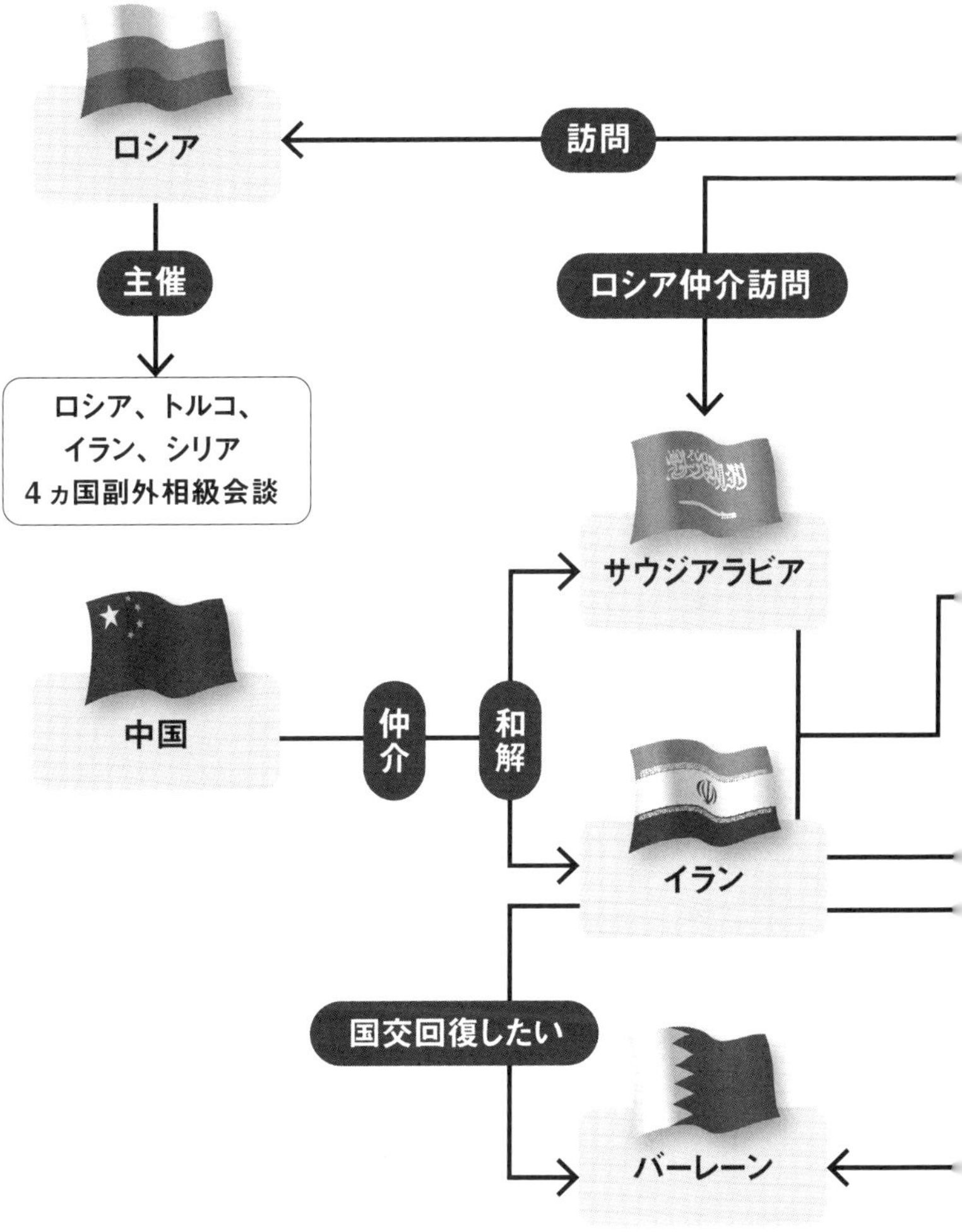

期待している」と双方に伝えている。もしこの**和睦が成功すれば驚異的**だ。アメリカが激化させてきた何十年にも及ぶ中東の紛争が中国の仲介によりつぎつぎと解決していくことになる。そうなると、中東におけるアメリカの力は一気に弱体化していくだろう。図表2-2で示した国々の中で、今それが起きようとしている。

なぜアメリカにできなかったことが、中国にはできるのかというと、その理由の一つは「中国には中東諸国との政治的・宗教的しがらみがないから」だ。中国はパレスチナとは1988年に国交を樹立し、イスラエルとは1992年に国交を樹立している。両国とは経済で結び付いているだけで、政治的にも宗教的にもどちらの立場にも立っていないので話がしやすい。習近平のウクライナ戦争「和平案」は、そこに喰い込んでいくことができた。

では、なぜ中国にできることが、日本にはできないのだろうか？　それこそは第一章の十で少し触れ、終章で詳述するように、日本がアメリカに隷属《れいぞく》しているからなのである。日本は日本が選ぶことができたチャンスと世界的役割を自らの手で捨てにいっている。

四、加速する脱米ドル現象と地殻変動

中東におけるこの和解外交雪崩現象を受けて、「脱米ドル」化現象も加速している。2023年3月10日以降の脱米ドルの動きを図表2-4に示した。

図表2-4 中東和解現象をきっかけに加速する脱米ドル現象

日付	脱米ドルの動き
3月14日	中国輸出入銀行とサウジアラビア国立銀行が初の人民元建て融資協力を実施
3月28日	上海石油・天然ガス取引センターで、中国海洋石油グループ(CNOOC)とフランスのエネルギー大手トタルエナジーズの間に、初の人民元決済取引が成立した。 LNG資源自体はアラブ首長国連邦から調達される
3月28日	ASEAN財務相・中央銀行総裁会議でドルなどの通貨への依存度を下げるため、域内の国々が貿易や投資で自国通貨の使用を増やすと提案
3月29日	サウジアラビア内閣が正式に上海協力機構への加盟を採決
3月29日	中国・ブラジルが自国通貨決済で合意
3月30日	ロシア国家院副議長がBRICS共通通貨の構想を言及
4月1日	インドとマレーシアがインドルピー決済に合意
4月4日	マレーシア首相が訪中の時、ドルへの依存をやめて、アジア通貨基金の設立を提案したと発言
4月26日	アルゼンチンが人民元で中国からの輸入する商品を決済すると発表
4月27日	3月中国の輸出入の決済での人民元の比率(48%)が初めて米ドル（47%）を上回ったとブルームバーグが報道
4月27日	タイ中央銀行は中国人民銀行と人民元とタイバーツの決済を相談していると発表
4月28日	バングラデシュはロシアが建設する原子力施設の資金を人民元で支払う予定とサウスチャイナ・モーニングポストが報道
4月29日	シリア大統領が国家間の貿易は人民元を使うことができると発言
5月6日	パキスタンが人民元でロシアから石油を購入するとパキスタンメディアが報道

筆者作成

脱米ドルの流れは大きく分けて三つある。

【流れ1】中東との関係において石油人民元で取引

【流れ2】ASEAN域内での自国通貨取引、アジア通貨基金

【流れ3】BRICS諸国内での共通通貨構想

【流れ1】に関しては、拙著『ウクライナ戦争における中国の対ロシア戦略』の第二章で詳述したように、中東とは早くから「石油人民元」取引に関して検討してきた。特に今般の中東和解雪崩現象以降は、その実現の広がりは一気に加速している。

問題は【流れ2】だ。なぜASEANが「脱ドル」方向に動き出したのか、不思議に思う方もおられるかもしれないので、少し詳細に見てみよう。

実は現在のマレーシアのアンワル・イブラヒム首相は、1997年のアジア金融危機の時にマレーシアの副首相兼財政部長だった人だ。アジア金融危機の対応に際し、ドル依存のために苦労したため、当時もアジア通貨基金を提案したが、却下されたという経緯がある。そのため当時のマハティール・ビン・モハマド首相との関係が悪くなり、挙句の果てに汚職と同性愛の罪で逮捕されるに至った。

2022年11月24日に首相に就任した彼は、脱米ドルに対して強い執念を抱いたようだ。中国のウェブサイト観察者網は4月4日、〈マレーシアのアンワル首相：アジア通貨基金組織はすでに中国に対して提議した。米ドルに依存し続ける理由はもはやない〉という記事の中で、

アンワル首相の「脱米ドル」に対する強烈な思いを報道している。

【流れ3】に関しても、深い考察が必要とされる。

提案したのがロシアの国家院副議長だからだ。拙著『習近平三期目の狙いと新チャイナ・セブン』の第七章246頁【プーチンの「核使用」を束縛した習近平】に書いたように、習近平はプーチンをBRICS共同声明の中で束縛し、核兵器や化学兵器あるいは生物兵器を使用しないよう約束させている。プーチンにとってBRICSは、上海協力機構とともに最後の砦なので、その約束は守るしかないだろう。その上でロシアがBRICS共通通貨構想を提案しているのだが、ここでもサウジが大きな役割を果たしているのだ。

図表2-1と図表2-4にあるように、サウジが正式に上海協力機構への加盟を決議した。上海協力機構は中露が主導し、基本的に「反NATO」で意思統一されている。すなわちサウジの絡みで、非米陣営が「脱米ドル」を基軸として強化されつつあるということだ。そしてそのサウジを味方に付けたのが中国だという、複雑に絡み合った連鎖が爆発しつつある。そのマグマは実に長期間にわたって形成されてきたが、これが中国のイラン・サウジ和睦仲介によって噴き出し始めたのである。

これを【兵不血刃】と呼ばずして、何と呼ぼう。

しかも潜伏期間は非常に長い。

実は、共産中国である中華人民共和国誕生以来、毛沢東は発展途上国との提携を強化せよと指示した。中華人民共和国の国連加盟を目指すためだ。その指示に沿って1954年に中国の周恩来総理はインドのネール首相と会談し平和五原則を発表した。これに沿って1955年に開催したバンドン会議が、のちのアジア・アフリカ会議の軸になっている。バンドン会議の参加国の多くは第二次世界大戦後にイギリス、フランス、アメリカ、オランダあるいは日本（大日本帝国）などの「帝国主義」の植民地支配から独立したアジアとアフリカの29ヵ国で、その時すでに世界人口の54％を占めていた。

以来、中国とアフリカの結びつきは尋常ではなく強固で、中国のどの大学にも「アジア・アフリカ研究所」があり、どの行政機関にも「亜非処（アジア・アフリカ部局）」というのが設立されているほどだ。習近平政権になってからは、トランプ政権時代に黒人差別が激しかったために、中国とアフリカ53ヵ国との結びつきを一層強化させることに貢献している。

中国はまた「発展途上国77＋China」という枠組みの国際協力機構を持っており、南米やASEAN諸国を含めた発展途上国の頂点に立っていることを自負している。

「BRICS＋」という新興国同士のつながりや、中央アジアを中露側に引き付ける「上海協力機構」という枠組みもある。

残るは「中東」だけだった。

それがこのたびの「中国のイラン・サウジ和睦仲介」によって、「米一極支配」から抜け出し、「多極化」による「世界新秩序」構築はほぼ決定的となっている。

図表2-5に示したのは、OPECプラス、上海協力機構およびBRICSのメンバー国の相関図だ。互いにオーバーラップしながら参加している状況もあり、特にロシアはこの三つの組織のどれにも入っていることは注目に値する。人類の「85%」がロシア制裁に加わっていない原因の一つも、ここにあると解釈していいかもしれない。

上海協力機構は、「反NATO」的色彩が濃いので、そこに「**インドが入っている**」という事実は、世界地図を理解する上で重要だ。

なぜ上海協力機構が「反NATO的色彩が濃い」と言うことができるかを考察すると、非常に興味深い話が発掘できる。

そもそも上海協力機構というのは旧ソ連崩壊（1991年12月）に伴い誕生した多くの旧ソ連圏内にいた国々との間の国境問題を解決するために上海ファイブ（中国、ロシア、カザフスタン、キルギス、タジキスタン）を中心として1996年に上海で会議を開催し、2001年に上海協力機構として設立されたものだ。2002年には地域対テロ機構に関してだが、軍事協定も締結されている。

中国は盛んに、これは軍事同盟ではないし、「反NATO」でもないと強調するが、しかし対テロ作戦演習を名義として、2003年からは軍事演習が行われるようにもなっており、2005年からは中露共同軍事演習も始まっている。

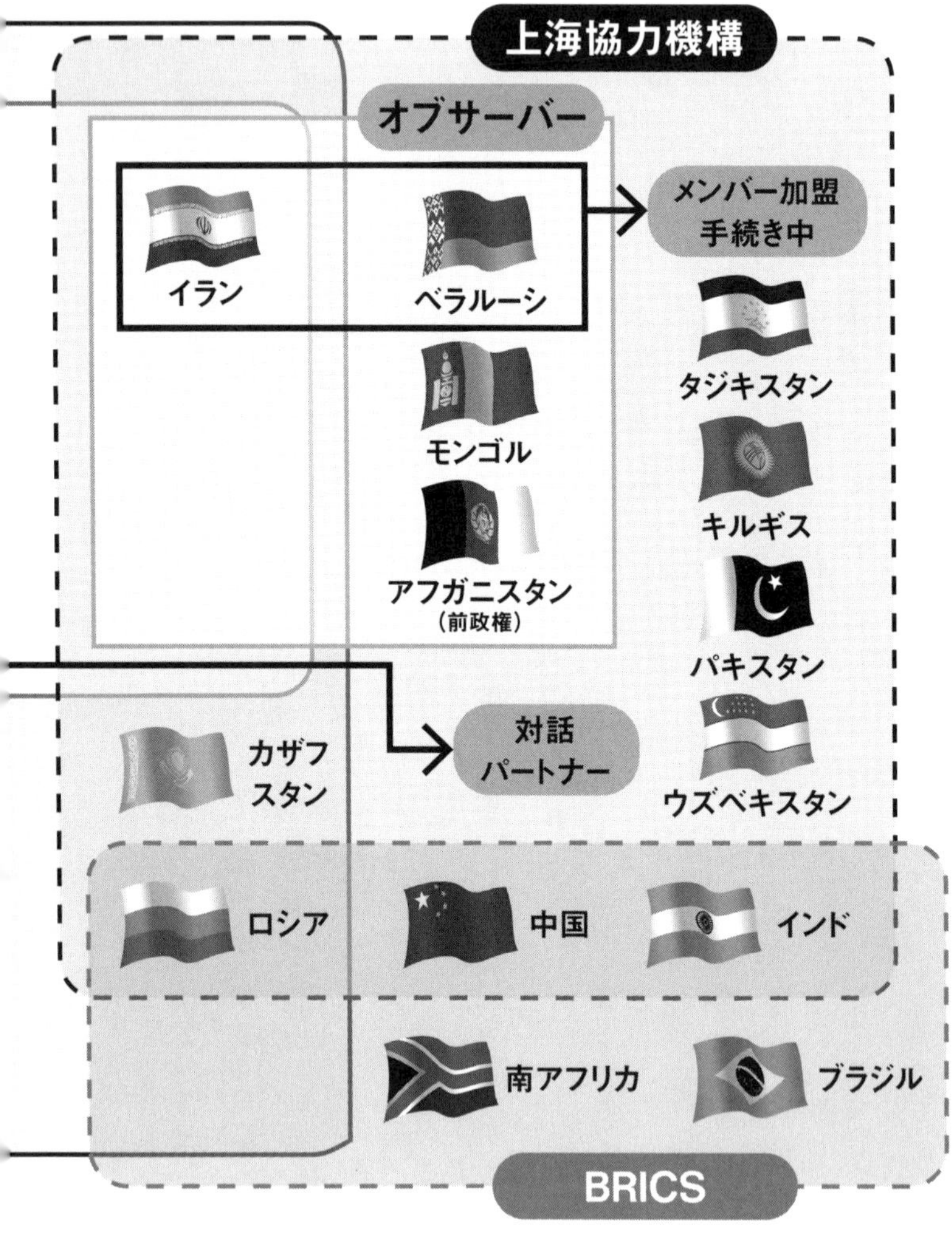

筆者作成（2023年5月17日現在）

図表2-5　OPECプラスと上海協力機構、BRICSの相関図

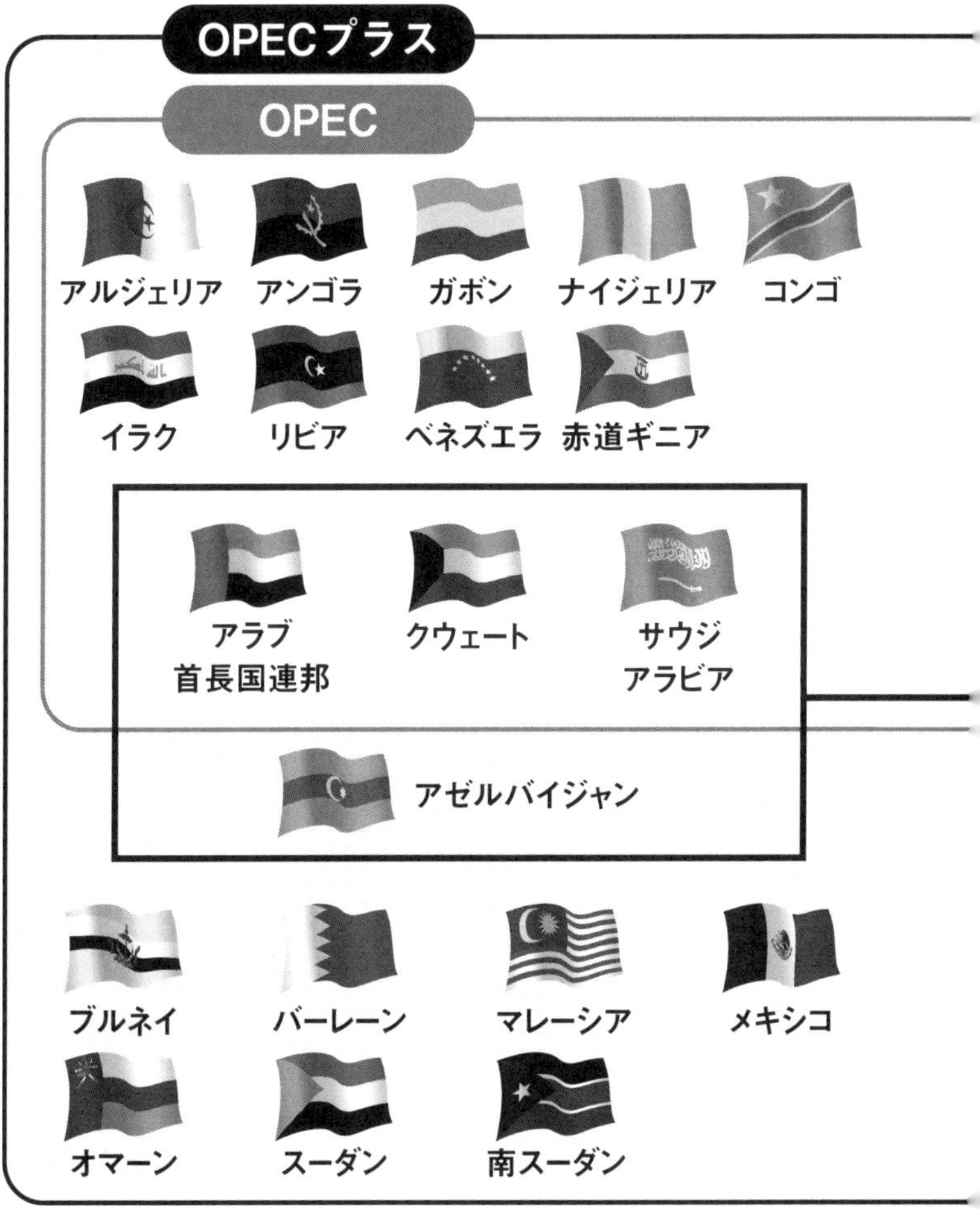

何よりも興味深いのは、**2005年にアメリカが上海協力機構への加盟を申請したが、中露が即断で拒絶している**ことだ。

アメリカは2001年からアフガニスタンを攻撃しアフガン戦争（～2021年8月）を始めているので、中央アジアに軍事基地があると非常に便利だという「お家の事情」があったものと考えられるが、中露が加盟を拒否したのである。それは逆に加盟国ウズベキスタンに駐留する米軍の撤退を要求するなど、米国との対立路線を促進する逆効果をも生んだ。

最近では、ロシアはNATOにとっての最大の敵国だろうから、アメリカと対立し、NATOにとっての敵国が中心にいる上海協力機構が、「反NATO的色彩が濃い」存在であると位置付けるのは、現実離れしているわけではない。2018年の上海協力機構・青島サミットでは「G7の対抗軸」としてアピールし、アフガン紛争やシリア内戦、あるいは北朝鮮やイランの核問題に関して共同で取り組む姿勢も示しているので、「反米」というか「反NATO的」であると言うのは妥当だろう。

特に上海協力機構の正式加盟国（中国、ロシア、カザフスタン、キルギスタン、タジキスタン、ウズベキスタン、インド、パキスタン）の人口（33・19億人）が全人類に対して占める割合は41・26%で、後述するオブザーバー国や対話パートナー国も含めたら47・90%にものぼる。人類のほぼ半分が上海協力機構に加盟することになるのだ。上海協力機構には今後、続々と中東を中心とした産油国が入ってくるので、アメリカにとっては脅威にちがいない。したがって上海協力機構には「非米陣営」の国々が集まっているとみなすことができる。

もっとも旧ソ連が崩壊したその瞬間から、ソ連圏から独立して誕生したすべての国々にNEDが入り込んで活躍しており、中央アジア5ヵ国も例外ではない。それでも中国に引き寄せることができたのは新疆ウイグル自治区をジャンクションとした石油パイプラインを中国全土に行きわたらせたために経済的結びつきにおいて中国が優勢であったことと、習近平政権になってからは「一帯一路」によって引き寄せたために何とかバランスを保ったという事情がある。

2022年1月には国交樹立30周年記念行事を中央アジア5ヵ国と開催し、4月には外相会談を開いて、1年後の2023年5月には「中国+中央アジア5ヵ国」サミットを開催することが約束されていた。こうして5月8日に中国外交部は5月18日と19日に初めての「中国・中央アジア5ヵ国」サミットを西安で開催すると表明した。

日本ではG7に対抗したものだと騒いでいるが、そのようなちゃちなものではない。

なお、ソ連崩壊をはじめ旧ソ連圏諸国におけるNEDの活躍は、それだけで一冊の本になるので、本書第六章における考察対象から外した（別途出版する可能性あり）。

ところで、その上海協力機構に入るために、まだオブザーバー国であったインドのモディ首相は、15回ほどにわたって習近平と会談し、ついに正式メンバー国に入ったという経緯が過去にある。その会談の日時やプロセスに関しては、拙著『ウクライナ戦争における中国の対ロシア戦略』の194～202頁にわたって列挙してあるので、興味のある方はご覧いただきたい。

中印国境には紛争があるので、中印は仲が悪いと喜ぶのは早い。あの国境線はヒマラヤの山頂あたりで経済効果があるわけではなく、その地域のみの小競り合いが末端でときどき発生しているだけだ。

またプーチンとモディとは、特別に仲が良い。

インドは1960年代初頭から、旧ソ連から武器を購入していたので、ロシアになってからもその傾向は変わらなかった。途中でアメリカ（トランプ政権時代のボルトン補佐官）が介入してきて「国連安保理でインドに関する論争があった時には、拒否権を使ってインドの味方をしてあげるので、アメリカからも武器を購入してくれないか？」と誘いをかけたので、2019年に多少の変化が起きているが、基本的に今もロシアから購入している。

インドはどちらの陣営にも付かない基本方針があるものの、どんなにアメリカが日米豪印によるクワッドやインド太平洋構想で対中包囲網を形成しようとしても、インドは漁夫の利を得るだけで、軸は揺らいでいない。れっきとした「非米陣営」の枠組みの中に入っている。

上海協力機構に関して地殻変動が起きるのは、何と言ってもサウジが加盟することだ。図表2-1の3月29日の欄をご覧いただきたい。サウジ内閣が正式に上海協力機構への加盟を採決した。それに呼応して、上海協力機構では、まず順番として「対話パートナー国」としての加盟が批准された。

5月5日になると、上海協力機構・外相会議がインド南部のゴア州ベノーリムで開催され、アラブ首長国連邦（UAE）、クウェート、モルディブ、ミャンマーが、新たに対話パートナー国として加わることが発表された。図表2-1に列挙したのは中東関係なので、図表2-1にはモルディブ（インドとスリランカの南西のインド洋にある島国）とミャンマーは削除してある。

上海協力機構の勢いが、どんどん広がるばかりだ。

上海協力機構には、正式メンバー以外に以下のようなレベルでの「待機組」がいる。

オブザーバー国：アフガニスタン（前の政権）、モンゴル、ベラルーシ、イラン（2023年中に正式メンバーとなる）

対話パートナー国：スリランカ、トルコ、アゼルバイジャン、アルメニア、カンボジア、ネパール、エジプト、カタール、サウジアラビア、アラブ首長国連邦（UAE）、クウェート、モルディブ、ミャンマー

などだ。BRICSも同様で、図表2-5に書いた正式メンバー国以外に、以下のような状況にある。

加盟申請をしている国：アルゼンチン、イラン、アルジェリア、メキシコ

2022年のBRICSサミットに参加した非正式メンバー国13ヵ国：アルジェリア、アルゼンチン、エジプト、インドネシア、イラン、カザフスタン、セネガル、ウズベキスタン、カンボジア、エチオピア、フィジー、マレーシア、タイ

こういった巨大な「塊」以外にも、アフリカやASEANを含む「発展途上国」が中露側に

付いているので、この流れを遮るのは、もはや困難だろうと思われる。

五、OPECプラスの原油生産量削減が「脱米」を加速化

このような流れの中で4月2日、OPEC（石油輸出国機構）（オペック）加盟国（イラン、イラク、クウェート、サウジアラビア、ベネズエラ、リビア、アルジェリア、ナイジェリア、アラブ首長国連邦、ガボン、アンゴラ、赤道ギニア、コンゴ）とその他の産油国（アゼルバイジャン、バーレーン、ブルネイ、カザフスタン、マレーシア、メキシコ、オマーン、ロシア、スーダン、南スーダン）で構成される「OPECプラス」は、日量100万バレル以上の減産を実施すると発表した。

この中にイランやサウジだけでなく、「ロシア」が入っていることが注目点だ。

ロシアのウクライナ侵攻と、アメリカの制裁により、西側諸国はロシアから安価な石油や天然ガスを購入することができなくなったので、原油価格は高騰を続けている。特にアメリカでは金融政策のまずさも加わり、異常なまでにインフレ率が高くなっているため、今回のOPECプラスによる原油減産措置はアメリカにとって手痛い。原油減産は原油価格のさらなる高騰を招くので、産油国であるロシアにとっては有利になるため、バイデン政権は激しい反対の姿勢を示した。

このたびのOPECプラスの動きに関して、中国はどう見ているのか。

中国共産党機関紙「人民日報」の姉妹版「環球時報」は2023年4月4日に〈多くの国が石油減産しアメリカに「ノー」と言う：アメリカは自業自得、覇権乱用が招いた結果〉というタイトルで、外国メディアの報道や国内外の専門家の見解を紹介しながら次のように書いている。キーポイントとなる個所のみを拾って列挙する。

■OPECプラスの最近の動向は、「ペトロダラー」の覇権が新たな課題に直面していることを示している。ニュースサイトUnHerd（アン・ハード）は4月3日、ウクライナ紛争が、アメリカの支配的地位の魅力を失わせ、新たな国際秩序の台頭を加速させていると分析している。アメリカは世界の他の地域からますます孤立しており、その影響力と能力は劇的に低下していると書いている。

■レバノンのメディア「使者報（As-Safir、The Ambassador）」は4月3日、「石油のパイプラインに流れているのは政治という血だ」とした上で、OPECプラス加盟国がかつてないほど団結し、減産という大胆な決断を下し、アメリカに「ノー」を突き付けたのは、サウジに代表される地域諸国の「ルック・イースト」*戦略の徹底的な実施と密接に関係していると書いている（＊筆者注：アラブ世界は今「向東看（ルック・イースト）」政策を実行していると、2022年11月10日のニュースサイトTHE NEWARABは書いている。この「東」とは、中国を中心としたユーラシア大陸を指す）。

■一部のアナリストは、ロシアとウクライナの対立が「脱米ドル化」を加速させたと指摘している。

■カナダロイヤル銀行（RBC）のコモディティ戦略責任者は、「サウジはアメリカから独立した経済戦略を策定している。これはサウジの優先政策で、サウジは新しい友人を作っているところだ。正に私たちが中国でサウジ・イラン北京対話を見かけたように」と述べた。そして「サウジはアメリカに、世界はもはや米一極ではないというメッセージを送っているのだと思う」と述べた。

■北京大学国際関係学院の王勇教授は4月3日、環球時報の記者に対し、「OPECプラスによる減産は、アメリカのユーラシア大陸における政治的影響力の衰退の表れであり、アメリカの覇権が薄れつつある兆候でもある。これらはすべて、アメリカの自業自得で、覇権の乱用が招いた結果だ。これまで、国際的な石油や商品は米ドル建てで取引されていたため、アメリカの金融が世界を支配していた。しかしアメリカは米ドルの覇権を乱用して、ドルを使用する他の国々を圧迫してきた。これは、ドルの信頼性に深刻な影響を与えてきた。アメリカが、石油の大口買い手としての地位を失ってからは、米ドルの覇権と金融の覇権は他の国々からの挑戦を受け始め、各国は『脱米ドル化』に向かって突き進み始めた」と述べた。

以上が環球時報からの抜粋である。専門家の意見や他国のメディアの報道を集めた情報ではあっても、ここには中国政府の考え方が鮮明に表れている。その拾い方に中国政府あるいは中国共産党の視点があるからだ。

ここにある「自業自得」に関して、実はアメリカのイエレン財務長官が2023年4月16日にCNNの独占インタビューを受けて、同様のことを言っている。「アメリカがロシア、イラン、その他の国に対する米ドルの役割に関連する金融制裁を使用するリスクは、一定期間後、米ドルの支配を損なう可能性がある」と述べたのである。

このたびの「脱米ドル」現象は、アメリカがドルの強さを根拠に、他国に金融制裁を行なったことがもたらした結果で、「アメリカの覇道による自業自得だ」というのが「環球時報」のトーンだが、ほぼ同時期にアメリカの財務長官が同様のことを言ったというのは、衝撃的と言えなくもない。

一方、中国の民間情報としては、知識層がよく論考を発表する、前述したウェブサイト「観察者網」が、2023年4月5日に、〈OPECプラスはさらなる減産を発表し、米メディアはサウジのサルマン皇太子が「もはや米国を喜ばせることに興味がない」と述べた〉という見出しで報道したことが興味を引く（編集担当：阮佳琪）。以下、その概要を列挙してみる。

●アメリカのウォール・ストリート・ジャーナル紙は3日、関係者が、サウジのムハンマド・ビン・サルマン皇太子兼首相が側近に「もはやアメリカを喜ばせることには興味がない」と語ったことを明らかにしたと報じた。サルマンは「サウジ・ファースト」の経済政策を実施している。ゴールドマン・サックスのエコノミストは、「サウジは、これまでのように自国の経済的利益を犠牲にしてアメリカの利益を優先する気はない」と述べている。

●サルマンは、「ビジョン2030」で計画されている大規模プロジェクトに資金を提供するのに十分なほど石油価格を高く保つために、「サウジ・ファースト」の経済政策を実施している。「ビジョン2030」は、サウジが2016年に開始した野心的な計画であり、15年間を使って経済と社会を多様化し、石油への唯一依存からの脱却を図るものである。サウジ側は、積極的な減産は石油市場の安定を支援するための予防措置であると述べた。

●米メディアは、サルマンの最近の一連の厳しい声明から、「サウジはアメリカに依存しない経済戦略を採用しようとしている」と報じた。またサルマンは昨年、「サウジの内政に干渉しないようにアメリカに警告」し、「アメリカには、私たちに抗議する権利はない」とも主張していると報道している。

以上が観察者網からの抜粋である。

こういった「脱米」を目指す大きな流れは、結果的に「脱米ドル」を加速させることにつながっていくだろう。「脱米ドル」には一定の時間がかかるだろうが、「脱米」の動きはすさまじい勢いで加速しており、人類の「85%」をけん引している。その動きは日本のメディアからは見えない。いや、見てはならないのだ。そのことは終章で述べる。

第三章

「アメリカに追従するな！」

――訪中したマクロン仏大統領の爆弾発言

一、各国・地域・組織の要人が訪中ラッシュ

図表3-1に示すのは、中国がウクライナ戦争に関する「和平案」を発表したあとに訪中した各国・地域・組織の要人の一覧表である。もっとも3月28日から31日にかけて海南島でボアオ・アジアフォーラム（以下、ボアオ）が開催されたので、それに出席したケースもある。ボアオに出席したあと北京に呼ばれて北京で中国の指導者と会談した人もいれば、そうでない人もいる。このため図表3-1では、ボアオで会談した場合にのみ、（　）の中に「ボアオ」と書いた。また3月13日前まではまだ李克強が首相（国務院総理）だったので、李克強や栗戦書など前期のチャイナ・セブン（中共中央政治局常務委員会委員7名。筆者命名）の名前もある。中国の指導者の肩書は省略してあるが、李強は首相（国務院総理）、王毅は外交トップ、秦剛は外交部長（外相）だ。

日本の「超親中系」の要人の名前もファクトなので入れてあるが、そこは無視していただいて、アジア関連では3月27日のＡＳＥＡＮ事務総長、3月28日のマレーシア外相、あるいは3月31日のマレーシアのアンワル首相の訪中が、東南アジアにおける「脱米ドル」の動きと連動していることを見逃してはならない。これは第二章で説明した通りだ。

「ブラジルのルーラ大統領の訪中は、明確にＢＲＩＣＳのメンバー国として、ＢＲＩＣＳ諸国内で流通するドルに代わる通貨導入を提起しており、「ＢＲＩＣＳ銀行」と俗称される「新開

図表3-1 「和平案」発表後に訪中した各国・地域・組織の要人と会談した中国の指導者

会談日付	訪中した各国・地域・組織の要人	会談した中国の指導者など
3月1日	ベラルーシのルカシェンコ大統領	習近平、李克強、栗戦書（『全天候全面戦略パートナーシップ共同声明』）
3月6日	サウジ国務大臣＆イラン最高国家安全保障会議書記	王毅（『中国・サウジ・イラン共同声明』、サウジ・イラン国交正常化）
3月23日	赤道ギニア外相	秦剛
3月24日	ニュージーランド外相	秦剛
3月26日	ホンジュラス外相	秦剛（国交樹立）
3月27日	ASEAN事務総長	王毅、秦剛
3月28日	マレーシア外相	秦剛
3月29日	IMFのゲオルギエバ専務理事	李強（ボアオ）
3月30日	パプアニューギニア外相	秦剛（ボアオ）
3月30日	ドミニカ外相	秦剛（ボアオ）
3月30日	コートジボワールのパトリック・アチ首相	李強（ボアオ）
3月31日	スペインのサンチェス首相	習近平、李強
3月31日	シンガポールのリー・シェンロン首相	習近平、李強（4月1日）（『全方位高度未来志向型パートナーシップ共同声明』）
3月31日	マレーシアのアンワル首相	習近平、李強(4月1日)
3月31日	日本の福田康夫元首相	王毅
4月2日	日本の林芳正外相	李強、王毅、秦剛
4月3日	フィリピンのアロヨ元大統領	王毅
4月5日	フランス外相	秦剛
4月6日	フランスのマクロン大統領	習近平、李強、趙楽際（『中国とフランス共同声明』）
4月6日	EUのフォンデアライエン委員長	習近平、李強
4月6日	サウジ外相、イラン外相	秦剛
4月14日	ブラジルのルーラ大統領	習近平、李強、趙楽際（『全面戦略パートナーシップを深める共同声明』、『気候変動へ対応共同声明』）
4月14日	ドイツのベーアボック外相	秦剛（天津）、王毅(4月15日)
4月17日	ラオスのサルムサイ副首相兼外相	丁薛祥、王毅、秦剛
4月18日	ウルグアイのブスティージョ外相	韓正、秦剛

筆者作成

発銀行（NDB）」（本部：上海）の頭取にブラジルのジルマ元大統領が就任したことからも「脱米ドル」を加速させる動きとして注目される。

怪奇現象も起きている。3月31日にシンガポールのリー・シェンロン首相が訪中して習近平と会談しただけでなく共同声明まで出したことは、バイデン大統領の神経に障《さわ》ったのだろうか。民主主義の代表であるようなアジアの国家の一つ、シンガポールが3月29日にバイデンが主催した民主主義サミット・オンライン会議から排除され、世界を唖然《あぜん》とさせた。

ヨーロッパに関してはIMFのゲオルギエバ専務理事や、フランスのマクロン大統領およびEUのフォンデアライエン委員長の訪中があり、特にマクロンの「脱米」爆弾発言は、「多極化新秩序」構築に当たり、新しい世界の動きを提示している。

本章ではマクロンの「脱米」爆弾発言を中心に考察したい。

二、「習近平・マクロン」の蜜月と「欧州は多極化の一極を担う」発言

4月5日から7日の日程で国賓として訪中したフランスのマクロン大統領は閲兵式や公式会談、晩餐会など、習近平から盛大な歓迎を受けた。習近平は終始上機嫌で、滅多に記者会見などには顔を出さないのに、マクロンとの会談後、共同で記者会見にも臨んだのだから、尋常で

各国要人の中国訪問ラッシュ

2023年3月31日習近平と
シンガポール首相

2023年3月31日習近平と
マレーシア首相

2023年4月14日習近平
とブラジル大統領

2023年2月14日習近平
とイラン大統領

2023年3月10日
王毅とイラン・
サウジ代表

2023年3月31日習近平とスペイン首相

2023年3月1日習近平と
ベラルーシ大統領

2023年4月6日秦剛とサウジ・イラン外相

2023年2月24日習近平夫婦
とカンボジア国王夫婦

はないサービスぶりだ。さらに北京での会談後に広州に行ったマクロンを追って同地にまで行って交流を深めた。

マクロンはウクライナ戦争「和平案」にも賛同しただけでなく、驚くべきことに、共同声明には中仏軍事協力がある。ではマクロンの足取りをつぶさに見てみよう。

マクロンは、5日に北京に着くなり、駐中国フランス大使館で在中のフランス人に向けて講演をしている。講演でマクロンは、「習近平が提案しているウクライナ戦争に関する政治的・外交的解決案である和平案を歓迎する。フランスは和平案の内容全体に同意するわけではないが、和平案は紛争の解決に寄与する」という趣旨のことを述べた。

実は、マクロンは訪中に先立ちアメリカのバイデン大統領と電話会談し「ウクライナでの戦争終結加速に向けて中国の関与を求める立場で一致した」とフランス大統領府は発表している。

何のことはない。バイデンは習近平の「和平案」によってウクライナ戦争が停戦に向かうのを阻止しながら、結局のところ、国内世論や次期大統領選事情などに翻弄《ほんろう》され、そろそろウクライナのゼレンスキー大統領に引導を渡そうとしているのだ。あれだけウクライナが完全勝利を収めるまでウクライナを支援し続けるとくり返し表明した手前、自分からはゼレンスキーに「そろそろ矛《ほこ》を収めては?」とも言えず、マクロンに本音を託したといったところか。

バイデンの言質《げんち》を取ったマクロンは、もう怖いものなし。

習近平と公式会談をする前の4月6日午後3時22分に以下のようなツイートを中国語と英語

とフランス語で公開している。

曰く：私は、中国が平和の構築に重要な役割を果たしていると確信しています。これは正に、私がこれから議論し推進しようとしているものです。私はこれから習近平国家主席と、企業や気候、生物多様性、食糧安全保障問題などに関して話し合うことになっています。

3ヵ国語のツイッターをまとめると図表3-2のようになる。

4月6日午後3時45分から、習近平とマクロンは公式会談を行なった。中国の中央テレビ局CCTVが引っ切りなしに二人の動向を報道したが、正式な首脳会

図表3-2　3ヵ国語で公表されたマクロン大統領のツイッター

マクロンのツイッターに基づいて筆者作成

談の時の習近平の口調に驚いた。

おや？　と思うほど、習近平の言葉遣いがフランクで親しみ深げなのだ。たとえば「そこで、われわれは」と言うべきところ、「そこでね（所以呢）、われわれとしてはですね（我们啊）…」というニュアンスを与える漢字一文字を、あちこちで語尾に入れているのである。何ともリラックスしている。

マクロンのほうはと言えば、いかにも「あなたを尊敬しています」という真剣な表情で、習近平の言葉を一言も聞き逃すまいと、背筋を伸ばして真っ直ぐ彼の顔を凝視している。時には、「私はあなたの生徒です」と言わんばかりに必死でメモを取っている時もある。

台湾問題などおくびにも出さず、「中国と関係を断つなど、バカげている」と暗にアメリカのデカップリングを批判し、かつ習近平の唱える「和平案」を褒めちぎった。

習近平もフランスを絶賛し、中国とフランスあるいは欧州で、習近平が力説するところの「多極化」を進めていこうとラブコールを送っている。すなわち習近平は、欧州をつねに多極化世界の独立した「一極」とみなすという意味で、その「一極」を、フランスを通して、何なら欧州に担ってほしいという願望を伝えたわけだ。

それに対してマクロンは「自分もそう考えている」と快く応じ、会談では多くの経済協力なども約束されて、終始なごやかな雰囲気に包まれていた。

マクロンの熱い積極性は、下の写真からもうかがえよう。マクロンに同行した欧州委員会の

中仏首脳会談

リラックスした習近平

あなたの生徒ですというようにメモを取るマクロン

フォンデアライエン委員長が離れているのに対して、マクロンのほうから習近平の腕に手を伸ばすほど、アツアツなのだ。

特にフォンデアライエンは親米で対中強硬派のため、中国から国賓として招待を受けたわけではない。あくまでもマクロンが、自分が「親中だ」と批判されないために、「どうか同行してくれ」と頭を下げたために、仕方なく訪中した形だ。マクロンは2019年11月に訪中した際にも、当時の欧州委員会の農業・農村開発担当（2019年12月からは通商担当）委員フィル・ホーガン（Phil Hogan）に同行してもらっている。

というのも欧州諸国の中には中国に批判的な国もあるため、マクロン単独で行くと「お前は親中だ」として批判される可能性があるので、それを回避するためだろう。

ただ注目すべきは二人とも、習近平が「タイミ

マクロン大統領と習近平国家主席およびフォンデアライエン欧州委員会委員長

写真:代表撮影/ロイター/アフロ

ングと条件が合えば、ゼレンスキー大統領と会談してもいい」と言ったと認めている点だ。この結果はどうなったのかに関しては、第一章に書いた通りだ。

三、広州に行ったマクロンのあとを追って習近平も広州へ

4月7日、マクロンは広州に行ったが、その理由はただ一つ。フランス企業の多くが広東省にあるからだ。

かつての植民地時代、フランスはベトナムを占領していたが、フランスは上海や天津などに加えて、1861年からベトナムの近くにある海岸沿いの広東省に租界地《そかいち》を作っている。特に1899年11月16日に清王朝に99年間の租借権で広州湾租界条約を締結させた。日中戦争時代には日本が広州湾を占領し、日本投降後は中華民国に返還された。

その意味でフランスと広東省はつながりが深いのだが、約40年前の1984年、フランス最大の電力会社であるEDF（エレクトリシテ・ド・フランス）は広東省と協力して大亜湾《ダヤワン》原子力発電所を含む多くのプロジェクトを開発。今般のマクロン訪中には、そのEDFをはじめアルストム（鉄道車両の製造をはじめとして、通信・信号・メンテナンスなど、鉄道に関連する総合的技術およびソリューションを提供するフランスの多国籍企業）、ヴェオリア（ナポレオン三世の勅令によっ

て誕生した都市部の水道システムを運営するフランスの民間企業）、航空宇宙大手エアバスの代表者を含む50人以上の大手企業家が同行していた。

習近平政権になったあとの２０１５年から２０２２年までの間、広州に本社を置く中国南方航空を中心として中国はエアバスから合計３４０機以上の航空機を購入（一部購入契約）している。今般も中仏間で20以上の商業契約を結び、たとえば中国はエアバスに１６０機の航空機（約２・６兆円）を発注し、天津では二本目の製造ラインを設立することを約束。フランスの海運会社ＣＭＡ ＣＧＭ社には中国船舶グループ（ＣＳＳＣ）が16隻のコンテナ船（約４０００億円）を発注した。

一方、広東省とフランスは孫文を介して文化・教育などにおいて深い関わりを持ち、１９２０年、北京大学や広東高等師範学校（中山大学の前身）が協力して、フランスのリヨンに中仏大学を設立したことがある。また、拙著『毛沢東　日本軍と共謀した男』に書いたように、１９１８年４月、毛沢東は湖南省・長沙で「新民学会」を組織し、フランスへの勤工倹学《きんこうけんがく》（働きながら学ぶ）運動を起こして、進歩的知識分子（のちに中国共産党員）を数多くフランスに留学させた（本章六で後述）。

そのような経緯から、マクロンは広州に行き、中山大学に立ち寄ったのだが、中山大学では、「フランスではこんな歓迎を受けることはないだろう」というほど熱烈な歓迎を受け、中国のネットのウェイボー（Weibo、微博）に上がった動画には「フランスでは彼の行くところすべて抗議デモばかりだが、中国では歓迎の嵐……」などと、いたずら書きがしてある。フランスでは不況でデモばかり起きていることを指している。

注目すべきは、広州には習近平の父・習仲勲《しゅうちゅうくん》がいたことだ。

詳しくは拙著『習近平　父を破滅させた鄧小平への復讐』に、簡潔には『習近平三期目の狙いと新チャイナ・セブン』に書いたように、習仲勲は１９６２年に鄧小平の陰謀により16年間も牢獄生活を強いられたあと１９７８年に政治復帰して、最初に赴任した先が広東省だ。省の書記を務めていたので、広州に住居があった。したがって習近平は、北京で熱烈にマクロンをもてなした後、さらにマクロンを追って広州まで行き、晩餐会を共にしたのである。習近平の広州への思い入れは尋常ではない。

習近平とマクロンの非公式会談では、互いにノーネクタイで気さくに散策する姿も数多く報道されている。その中の一枚を次頁に示す。

4月7日に発布された「中華人民共和国とフランス共和国の共同声明」は51項目もあり多岐にわたっているが、注目すべきは、その「4」に、「太平洋海域における中国人民解放軍南方戦区とフランス軍との対話交流を深め、国際と地域の安全保障問題について相互理解を深めていくことで一致した」とあることだ。

フランス軍太平洋管区には、フランス領ニューカレドニアやポリネシアが含まれており、中国が狙う太平洋諸島への進出にも大きく関わってくることだろう。

その背景にはオーストラリアがフランスから購入することになっていた原子力潜水艦の契約を反故《ほご》にしイギリスに鞍替《くらが》えして、アメリカが主導する米英豪ＡＵＫＵＳ（オーカス）結成により、いまだに「アングロサクソン系ファイブアイズの塊」で動こうとすることに対するフランスの意地が透けて見える。

もともとフランスはＮＡＴＯからやや距離を取っており、１９６６年にＮＡＴＯを脱退して、２００９年ＮＡＴＯに復帰した経緯がある（これに関しては本章の六で後述する）。

また２０２２年12月にマクロンはアメリカを訪問しているが、その時にアメリカのインフレ抑制法や国内半導体業界支援法は「米国経済に非常に有利だが、欧州諸国との適切な協調はなかった」として「アメリカの公平な競争の欠如」を批判している。

習近平にとって今般のマクロン訪中は、アメリカ一極支配による対中包囲網を崩すきっかけ

くつろいで散歩する様子の2人　出典：新華社

にもなると狙っているにちがいない。

四、マクロンの爆弾発言「アメリカに追従するな！」

西側諸国から問題にされているのが、マクロンが中国から帰国する時の機内で受けた取材で、台湾問題に関して「対米追従するな！」と発言したことである。

2023年4月16〜18日、日本の長野県軽井沢町でG7外相会談が行われたが、そこでもマクロンの発言が「西側諸国の団結を分裂させる」として批判の対象になり、フランス側は弁明に追われた。今後も、このマクロン発言は、習近平が起こそうとしている地殻変動に大きな影響をもたらすと思われるので、その真相を考察してみたい。

マクロンは4月7日、北京から広州に向かった後、帰国の機内でフランスのレゼコー（Les Echos）という経済紙とアメリカのポリティコ（POLITICO）という政治に特化したニュースメディアの2社だけに独占取材を許した。

2012年の調査ではあるが、ポリティコはアメリカの民主党にも共和党にも支持されている中立的なメディアだと評価されているので、マクロンはポリティコの取材を許したものと判断される。

さてレゼコーは日本時間に換算すると4月9日19：00に〈エマニュエル・マクロン：「ヨーロッパの戦いは戦略的自主独立でなければならない」〉というタイトルで取材結果を発信している。今ヨーロッパ諸国はアメリカに支配されている傾向にあるので、この「自主独立」は「アメリカに追従してはならない」という意味あいが強く、「ヨーロッパはアメリカと中国に対する第三の極になることができる」とマクロンは主張している。また「最悪なのは台湾問題でヨーロッパが、アメリカのペースや中国の過剰反応に合わせようと考えることだ」とマクロンは述べ、ともかく「ヨーロッパは自主独立路線を貫くべきだ」と強調している。

一方、ポリティコは日本時間で4月9日20：39に〈ヨーロッパは「アメリカの追従者」になるという圧力に抵抗しなければならない、とマクロンは言った〉という、非常に明確なメッセージのタイトルで、同じ取材結果を報道した。そしてサブタイトルのような形で〈ヨーロッパが直面する「大きなリスク」は、「私たちのものではない危機に巻き込まれることだ」とフランス大統領はインタビューで語った〉と書いている。記事の骨子を列挙すると以下のようになる。

- ヨーロッパはアメリカへの依存を減らし、台湾をめぐる中国とアメリカの対立に引きずり込まれないようにしなければならない。
- 習近平はマクロンの戦略的自主独立の概念を熱心に支持している。

●私たちはヨーロッパがアメリカの追従者であることを認識しなければならない。

●**台湾「危機」を加速させることは、私たちの利益にはならない**。最悪なのは、ヨーロッパがこのトピックにとらわれることだ。アメリカの議題と中国の過剰反応からヒントを得なければならない。

●地政学アナリストであるYanmei Xie（イェンメイ・シエ）は「**ヨーロッパは、中国が地域の覇権国になる世界のほうを、より喜んで受け入れる**」と述べた。そしてヨーロッパの指導者の何人かは、「**そのような世界秩序がヨーロッパにとって、より有利であるかもしれない**」とさえ信じている。

●ヨーロッパは武器とエネルギーをアメリカに依存しているが、対米依存を減らして、ヨーロッパは自分たちの防衛産業を発展させなければならない。

●ヨーロッパの一部の国は、ワシントンによる**ドルの「兵器化」**について不満を述べている。モスクワと北京の重要な政策目標である「**脱米ドル化**」同様に、ヨーロッパも米ドルへの依存を減らすべきだ（筆者注：本書の第二章で述べたように、フランスは中国と人民元決済によるエネルギー資源取引を決定している）。

以上がレゼコーとポリティコの2社独占取材による結果報道だ。この2社のオリジナル情報を基に、多くのメディアが二次情報としてマクロン取材を報道している。

イギリスのロイター社は4月10日2時52分に「マクロン：ヨーロッパは台湾に関するアメリカや中国の政策に従ってはいけない」と報道し、フランスのAFPは4月10日10時33分に、「マクロン氏「米中追随は最悪」台湾問題めぐり」と、「米中どちらにも追随するな」というニュアンスで報道している。

マクロンの発想は、習近平との会談やポリティコの報道にもあるように、「**ヨーロッパは対米追従から逃れて、自主独立路線を行くべきだ**」というのが基軸だ。

しかし、そのようなことを書いたのでは他の欧州諸国からバッシングを受けたり、アメリカの逆鱗《げきりん》に触れるかもしれないという、アメリカへの忖度《そんたく》からか、「アメリカ依存から独立すると同時に、中国にも依存してはならない」というトーンに「変調」しているのである。

それに比べると日本のメディアでは、時事通信が2023年4月10日5時26分に「台湾問題、米に追従せず　訪中で厚遇の仏大統領」という見出しで書いているのには驚いた。対米忖度《そんたく》がないからだ。あるいは何も考えずに、そのまま原文を直訳したのかもしれない。

日本の報道は、中にはロイターやAFPによる二次情報に基づいているものもあるが、基本的に時事通信のトーンに基づいているものが多い。

これだけ対米忖度が激しい日本の報道が、対米忖度の度合いが低いと見えるほどイギリスやフランスの大手メディアが対米忖度をしている事実は、ヨーロッパの対米姿勢の不統一さを示していて非常に興味深い。

五、フランスの自主独立路線はどこから来るのか？

まず素朴な感覚から言うと、フランスには、たとえばフランス革命にも見られるように自主独立の精神が強く、現在の「アメリカの一極化」に対しても「ヨーロッパの自主独立」を唱え、「多極化」を主張する精神がある。そもそもEU（欧州連合）があり、米ドルではなくユーロという通貨を使うこと自体、本来ならば、ある意味での「全面的対米依存」からの脱却を図り、「多極化」を目指したものだった。

私は2004年まで筑波大学の留学生センターで世界100ヵ国以上の国から来る留学生の面倒を見ていたが、その中にフランスのINALCO（イナルコ。東洋言語文化学院、Institut national des langues et civilisations orientales）から来た国費留学生がいた。その学生の説明によれば、INALCOはかつての植民地時代にイギリスやドイツなどと競い、語学によって植民地を支配するために、東洋各国の語学を学ぶために設立されたものだとのこと。その説明には圧倒された。

その後、拙著『中国がシリコンバレーとつながるとき』を執筆するため、何度かパリに行ったことがある。パリにいる華人華僑《かきょう》や中国人博士たちを取材するためだった。

そのような折、アングロサクソン系への反発が普通ではないと感じたのは、パリの教育関係を管轄する行政省庁を訪れた時のことだった。私が英語で話しかけると、相手の役人は「私は英語ができませんから」と実に流ちょうな英語で回答しながら、通訳を通してでも、フランス語と日本語で対話することを要求してきたのだ。英語を話すのが嫌いで、フランス語こそが最高だという、誇り高い気概を持っていることを思い知らされた。

この「フランスの栄光」に対する気概は、たとえば『ド・ゴールとミッテラン　刻印と足跡の比較論』（A・デュアメル著、村田晃治訳、世界思想社、１９９９年）などにも表れていて、第二次世界大戦後のフランスにおいて、ド・ゴールによる「絶対にアメリカに追従しない」という外交路線が、どれだけヨーロッパで光り輝いていたかを痛感した。

１９５９年から１９６９年までフランスの第18代大統領に就任していたド・ゴール（１８９０～１９７０年）は、その間に「ド・ゴール外交」という独自の外交路線を貫いている。

それは「アメリカやイギリスに抵抗して、アメリカに追従しない自主独立の外交を貫き、フランスの栄光を失うな」という精神に満ちたもので、そのため核武装を達成し、１９６６年にはＮＡＴＯの軍事機構からも脱退したほどだ。この時、フランス領土内のＮＡＴＯ基地すべてを解体した。

２００９年になり、当時のサルコジ大統領が43年ぶりにＮＡＴＯ軍事機構に完全復帰させることを決定したが、フランス国内ではフランス外交の自主独立性が失われるのではないかという反対論が根強かった。2017年にトランプ政権が登場して「アメリカ・ファースト」という自国第一主義を掲げ、「NATOなど要らない！」と発言したことは、きっとマクロンを勇気づけたにちがいない。マクロンはそれに呼応して「NATOは脳死している」という問題発言をしたため、顰蹙《ひんしゅく》を買った。

そんなわけだからマクロンが「アメリカの一極支配を抑制するには、ヨーロッパにとっては『中国の台頭』は悪いことではない」と思ったとしても不思議ではないだろう。

現在でもフランスには、「アメリカに追従しない」という精神が生きている証拠に、**「フランスには駐留米軍がいない」**という事実に注目することは重要だろう。

2022年9月時点のアメリカ国防総省統計に基づいてヨーロッパ諸国の米軍配備人数を考察すると、図表3-3のようになる。ただし、100人以下は省略した。というのは、大使館の警備要員など国交を結んでいるどの国にも少数は配備されているので、そういう米軍は別扱いだからだ。その意味ではフランスにも75人ほどの大使館警備要員などはいる。

ドイツに多いのは第二次世界大戦でナチス・ドイツが敗戦したからで、イタリアにも多いのは日独伊三国同盟の中の一国だったからだ。**日本には世界一多い、5万3973人の米軍が駐留している。**イギリスに多いのは、アングロサクソン系の同盟国だからだが、これはフランスが自主独立を主張する所以《ゆえん》の一つにもなっている。

それ以外にもフランスには「エネルギー資源の対米依存がない」ことも大きいだろう。

フランスはエネルギー資源の70～80%を自国の原子力発電に頼っているので、他国から干渉される度合いが低いのである。

その点ドイツは、ロシアからの安価な石油・天然ガスに頼ってきたので、ウクライナ戦争により、これまでEUを率いてきたドイツの地位は下がり、フランスのリーダーシップが強まりつつある。少なくともGDP成長率に関してはEUが発表したデータによれば2022年ではフランスが2・6%であるのに対して、ドイツは1・8%に留まるとのこと。

それ以外にも数多くの自主独立路線の要素がフランスにはあるが、原子力発電に関して、最後に中国とのつながりに触れておこう。

図表3-3　ヨーロッパ各国における米軍配備人数

国	米軍の配備人数	国	米軍の配備人数
ドイツ	3万5781	ギリシャ	387
イタリア	1万2432	ポーランド	264
イギリス	9840	ポルトガル	251
スペイン	3164	ルーマニア	138
ベルギー	1143	リトアニア	121
ノルウェー	434	その他	670

アメリカ国防総省統計を基に筆者作成

六、毛沢東とフランス

中仏は1964年に国交を結んでいる。ヨーロッパの先進諸国ではフランスが最も早い。その理由は、中国の原爆実験成功と深く関係している。毛沢東は朝鮮戦争の時にアメリカから中国に原爆を落とす可能性があると脅迫されて以来、どんなことがあっても原爆を持とうとした。そこでフランスのパリにあるキュリー研究所に留学していた銭三強《せんさんきょう》博士に帰国を命じ、原爆実験に着手させた。この時、多くの中国人研究者がキュリー研究所から戻っているが、2回もノーベル賞を受賞したマリー・キュリーの娘であるイレーヌ・ジョリオ＝キュリーは毛沢東にエクサイティングな言葉をプレゼントしている。すなわち「**もし原爆に反対するのなら、自分自身の原爆を持ちなさい**」という名言だ。そして彼女は「中国が原爆実験に成功したら、その時フランスは中国と国交を結ぶでしょう」と約束した。

こうして中国が原爆実験に成功した1964年にフランスは中国と国交を樹立した。

駐中国フランス大使館によれば、1982年フランス原子力委員会（CEA）と中国核工業部が契約し、中国最初の大型商業用原子力発電所、大亜湾原子力発電所を設立。以降、中国のほとんどの原子力発電所はフランスの技術に基づいているとのこと。

ここでは、毛沢東がどのようにして1964年に原爆実験に成功したのかを、フランスとの深い関係において、ご紹介したい。

1964年10月16日、中国は初めての核実験に成功し、世界を驚かせた。農民を中心とした革命戦争に勝利して、1949年10月1日にようやく誕生した新中国（中華人民共和国）に科学技術などあり得るはずもないと、誰もが思っていただろう。あの時、中国における農民の割合は90％に近く、毛沢東は農奴の屈辱的なエネルギーを味方に付けて革命に成功している。

＊

1917年のロシア革命は都市の労働者が中心だったので、旧ソ連のスターリンは毛沢東を「田舎バター（田舎者のくせに西洋のマルクス主義を取り入れる借り物）」として軽蔑し、ロシア革命の中心となった都市労働者がいないような「文明的に遅れた中国」で、革命など成功するはずがないとバカにしていた。ところが毛沢東はその予想に反して中国の革命戦争に勝利して新中国を建国しただけでなく、核実験に成功する。世界が驚かないはずがないだろう。

それを可能ならしめた人物の一人に、先述したフランスに留学して核物理学研究の第一人者となった銭三強がいるのだ。毛沢東と銭三強の微妙な関係を見てみよう。

銭三強は1913年に浙江省に生まれ、7歳の時に父に同行して北京で生活し、北京大学の学長だった蔡元培《さいげんばい》（北京大学学長の期間：1916年〜1927年）が校長を務めていた孔徳中学で学んだ。中学というのは日本の中等教育機関のことで、中学校と高校を合わせた一貫性の教育機関だ。銭三強の父親、銭玄同は著名な文学者で、青年時代には日本の早稲田大学に留学したこともある。

孔徳中学は北京大学の文学院（文学部）の付属中学（中学+高校）のような性格を持っていた。父親の勧めで1929年、銭三強はまだ16歳だったが、北京大学理学院の予科に入学する。北京大学理学院のための入学予備校のような学習段階である。しかし成績優秀だったので、本科の近代物理学や電磁学を同時に学んだ。

1932年に北京大学予科を卒業すると同時に、清華大学に入学。36年に清華大学を卒業し、北平研究院物理研究所の助手として分子スペクトルの研究に従事する。分子スペクトルというのは、分子が吸収または放出する光のスペクトルのことで、それを通して分子が持つエネルギーを測定し、分子内の電子の状況や分子を構成する原子核の微細構造（ファイン・ストラクチャー）を知ることができる。

つまり、この段階で彼はすでに核実験の道へ進むための下準備ができていたのだ。

翌年の1937年、彼はフランスに留学した。留学した先が、なんと、あのノーベル賞を二度も受賞したマリー・キュリーの研究所だった。マリー・キュリー自身は1934年に他界していたが、娘のイレーヌ・ジョリオ＝キュリーが研究所にいた。彼女の下で原子核の研究に没頭し、銭三強は原子物理学で博士学位を取得するのである。

この時、毛沢東はどうしていたのか。

1893年（清王朝、光緒19年）12月26日に毛沢東は湖南省の富農の長男として生まれた。田舎の塾で勉学していたが、父親は毛沢東が本を読むだけでも嫌がり、畑仕事に専念するよう、いつも叱っていた。13歳になったある日のこと、取引先のお得意さんなどを招いた宴席の場で、父親が毛沢東に接待の手伝いをするように命じた。毛沢東が嫌がると、父親は公衆の面前で「おまえは実に怠惰で役に立たないやつだ！　この親不孝者がぁ！」と罵倒した。毛沢東が本ばかり読んでいることに、日頃から業《ごう》を煮やしていたからだ。

14歳の時に家を飛び出して1910年に初めて小学校に上がり、親戚に援助してもらいながら、1918年に湖南第一師範学校（専科）を卒業する。この頃フランスに留学し、アルバイトをしながら勉学に励む「勤工倹学」というのが流行《はや》っていた。「勤工倹学」とは「労働に励み、倹約して勉学すること」を指す。

フランスが呼び掛け、北京大学の蔡元培学長らが呼応して組織した制度である。周恩来も鄧小平もみな、この制度に乗ってフランスに留学している。

アメリカは清華大学を創設し、フランスは北京大学をターゲットにして優秀な人材を自国に迎え、中国人がフランスびいきになるように仕向けていたのである。

1918年8月、毛沢東は二十数名の青年有志を伴って北京に向かっていた。「勤工倹学」グループを組織してフランスに行くためだ。毛沢東もこのルートでフランスに行こうとしたが、学歴と学力が伴わず、北京大学の予科の受験資格もなくて、図書館で働くこととなった。業務内容としては、図書館長室の清掃、新着の新聞雑誌の整理、閲覧者の氏名登録などだったから、中国語では「助理補」となっている。言うならば事務職、あるいは「お手伝い」だ。

この屈辱に耐えられず、毛沢東は北京大学を捨てるのである。仲間たちが「勤工倹学」制度に乗ってめでたくフランス行きを果たし、そのために自分は東奔西走して資金を集めたりしている中、「この毛沢東は何をしているのか――!」。

激しい劣等感と挫折《ざせつ》感は、毛沢東に、ほとばしるような復讐心を燃えたぎらせたにちがいない。1919年4月6日、毛沢東は湖南省の長沙に戻って小学校の教員になり、そこで歴史を教えるのだが、中華人民共和国を建国した毛沢東の「復讐のエネルギー」の源は、この北京大学とフランス留学にあったと言っても過言ではないだろう。

1949年10月1日、新中国(中華人民共和国)を誕生させると、毛沢東が始めたのは知識人の迫害だった。資本家階級が生んだインテリだとして、永久なる階級闘争を主張し、多くの知識人を逮捕投獄して、完膚なきまでに叩きのめした。文化大革命期(1966年~76年)に至っては、知識人迫害と教育制度破壊によって、火山のように爆発する。

しかしその一方で、毛沢東は原子爆弾の製造に執念を燃やしていた。自らが、自らの権力によって、自らが創りあげた国を強国に持っていく。そのためなら知識人を利用するのはOKなのである。

まさに「あの北京大学」の学長の覚えめでたく、学者としての道を輝かしく歩んで第一級の「フランス留学」を果たした銭三強を、原子爆弾製造のために重用するのだった。

ここが毛沢東の凄いところだ。

銭三強はキュリー研究所で研究を重ね、1946年に「ウラニウムの核分裂」において大きな成功を収め、フランスのアカデミーの物理学賞を受賞し、48年には中国に帰国している。

帰国後、清華大学の物理学系教授となり、1949年11月に中国科学院が設立されると、中国科学院近代物理研究所（のちに原子エネルギー研究所）の副所長、そして所長に任命される。

朝鮮戦争が休戦協定を締結した2年後の1955年、毛沢東は中国の核の力を高めるためにプロジェクトチームを立ち上げさせ、銭三強をそのリーダーに任命する。毛沢東と銭三強の立場はすでに逆転していた。国家のトップリーダーになった者の勝ちだ。

1956年、銭三強は四十数名の科学者を引き連れて、毛沢東の命令でソ連に行き、原爆実験に関する考察を行なう。


この時にアメリカから戻ってきたのが銭学森《せんがくしん》という、弾道ミサイルに詳しい研究者だ。二人とも名字が「銭」だが、中国にはもう一人、銭偉長《せんいちょう》（1912～2010年）という著名な物理学者がいて、アメリカのカリフォルニア大学などでロケット工学の研究などに従事し、帰国後中国の航空宇宙研究などに貢献している。この三人の「銭」を以て、中国では「中国の三銭」と称する。

1911年生まれの銭学森は1935年、清華大学の公費留学生として渡米し、マサチューセッツ工科大学に入学する。翌年、修士学位を取得し、39年にはカリフォルニア工科大学で博士学位取得。1944年には米国国防総省の科学顧問に任ぜられる。その間に、「航空工学の父」と称せられたセオドア・フォン・カルマンに学んでいるので、銭学森の弾道ミサイル技術は、相当に高いレベルに達していた。

ところが1950年になると、銭学森は共産主義者のスパイだとして逮捕され、軟禁されてしまった。それを知った毛沢東と周恩来は、あの手この手を使って銭学森の奪還に努め、1955年に朝鮮戦争における米軍捕虜との交換を条件として、中国に帰国させるのである。その時の顛末《てんまつ》には長いストーリーがあり、つい書きたくなってしまうが、脱線するといけないので、ここでは残念ながら抑制しよう。

毛沢東は銭学森をソ連に向かわせて、銭三強と合流させた。

1956年11月16日、毛沢東は第一回全国人民代表大会（全人代）で原子力エネルギー工業を主管する「第三機械工業部」設立を決定し（58年に第二機械工業部に）、原子爆弾製造を加速させていった。

その時までに海外から呼び戻した学者の中にはアメリカ帰りが最も多く、ほかにフランス帰り、あるいはイギリスから帰国した者もいる。中でもフランスから帰国した放射能科学者である楊承宗《ようしょうしゅう》は、自分自身が戻ってきただけでなく、「お土産」を持ち帰っていた。

1947年にフランスのキュリー研究所に留学して博士学位を取得したのだが、新中国誕生後、毛沢東の呼び掛けに応えて、中国に帰国しようとした。するとイレーヌ・キュリー夫妻が、炭酸バリウムによって純化された「10グラムのラジウム標準資料」を楊承宗にプレゼントしたのである。これは世界的に見ても、誰もが喉から手が出るほど欲しいものだった。彼女は中国の成功を祈ると言い、原爆成功と同時にフランスは中国と国交を結ぶにちがいないと言って、毛沢東に一つの「言葉」を送ってくれと頼んだのである。それが先述した「**もし原子爆弾に反対するのなら、自分の原子爆弾を持ちなさい**」という言葉だった。

これを受けて、毛沢東は一層、決意を固めたという。

一方、旧ソ連との関係悪化は加速し、1959年6月には旧ソ連は原爆関連の中国への援助を完全停止していた。そこで毛沢東は1960年に中華人民共和国第九局（核兵器製造機関）を設置して、青海省海北チベット族自治州に核開発のための第9学会（北西核兵器研究設計学会）を設立した。第9学会のコードナンバーは「221」。「221工場」は最高機密研究都市と位置付けられた。こうして1964年10月16日、第9学会で開発された初の中国核兵器（コードネーム596）が核爆発に成功したのである。

これが中国最初の原爆実験だ。

実はその4ヵ月ほど前の1964年6月29日には東風2号の発射に成功し、7月19日には観測ロケットT-7A（S1）の打ち上げと回収に成功している。生物学的実験のため8匹のマウスを搭載させ、安徽省広徳にある中国科学院六〇三基地より打ち上げた。

1965年11月13日になると、東風2号の改良型東風2号Aの発射試験に成功し、さらに1966年10月27日には、核弾頭を装備した東風2号Aミサイルが酒泉衛星発射センターから発射され、12キロトン級の核弾頭がロプノールの標的上空569メートルで爆発している。

こうして中国の核実験と弾道ミサイル実験は加速して精度を高めていくのだが、それを可能ならしめたのは、海外から戻ってきた人材たちである。

七、習近平の多極化戦略は対米自立経済圏構築につながる

毛沢東が核実験に成功したのは、朝鮮戦争においてアメリカからの威嚇があったからだ。その脅威に晒されなかったら、あのような飛躍的な成果は達成できなかっただろう。

今、アメリカは日本を中心とした米陣営を従えて対中包囲網を形成するのに躍起になっているが、しかし毛沢東時代でさえ原爆実験に成功した中国は今、世界第二の経済大国に成長し、製造業では世界一の地位を占めている。おまけに第二章で述べたような巨大なネットワークを持ちながら、米陣営に潰されていくというのは考えにくい。むしろ対中制裁や中国脅威論が激

しくなればなるほど、中国は逆にそれをバネとして成長していくにちがいない。

習近平と会ったマクロンは、中国との経済関係に関して「デカップリングをするなど、バカげている！」と激しく主張している。その言葉に代表されるように、いま欧州では中国経済との完全切り離しである「デカップリング」ではなく、安全保障に直接関わるようなリスクを持つものだけに注意を払うという「デリスキング」が主流となり始めた。

たとえば習近平が２０１８年11月から国家商務部と上海市との共催で始めた「中国国際輸入博覧会」は、２０２３年4月21日にフランスのパリで第六回博覧会推進紹介会を開催している。また２０２３年5月4日、フランス発祥の世界的な金融グループの「ＢＮＰパリバ」は、「中国銀行－中国電力連合運営機構と協力して、デジタル人民元ウォレットの銀行間ビジネスを促進することにした」と発表した。欧州経済は対露制裁で逆にダメージを受けている。

一方、人材確保に関しては２００１年に上梓した『中国がシリコンバレーとつながるとき』で、アメリカに留学してアメリカでＩＴ産業に従事していた博士たちが中国に戻り始めたことを描いたが、習近平政権になってからはその回帰が４００万人を超えるようになった。２０２３年4月11日、ＯＥＣＤ（経済協力開発機構）は、アメリカがあまりに在米中国人研究者に対する取り締まりを強化したため、他国籍も含めてトップクラスの人材がアメリカから流出し、中国に流れて行き、中国への流入がアメリカを凌駕したという結果を出している。

半導体制裁に関しても類似のことが言える。アメリカは対中制裁をひたすら強化し、膨大な数に及ぶ中国の企業や教育研究機関が制裁の対象になっている。注目すべきは制裁形態を一歩進めて、2022年8月に成立した「CHIPS法（半導体支援法）」によりアメリカの半導体製造業を支援するために500億ドル拠出するとしたが、中国において最先端工場の建設を向こう10年間禁止するとしたことだ。

習近平はそれを逆手に取って人類の「85％」を占める「非米陣営」を中心として、「できるだけアメリカと関わらない経済構造構築」へと早くから舵を切っている。

アメリカがスマホなどに使う集積回路線幅の小さい半導体に関しては厳しく制裁したため、たしかに中国のスマホの発展は頓挫している。しかし線幅が大きめの半導体なら中国国産でも製造できるため、そういった半導体を用いた世界最先端のEV（電気自動車）などのNEV（新エネルギー車）製造に重点をシフトさせている。

たとえば2023年5月の中国税関総署の統計によれば、中国の自動車輸出台数は1年前と比較して93％増（金額は137・7％増）となっており、中国は日本を超えて世界最大の自動車輸出大国に躍り出た。自動車の内の半分ほどがNEVだ。

NEVに必要なのは電池。電池製造に不可欠なものの一つに「ニッケル」がある。

ニッケルの最大生産地インドネシアでは、2014年から自国で資源を精製する産業を育成するため、ニッケル鉱石などの資源を未加工で輸出することを禁止する政策を打ち出し、2020年には全面的に禁輸を実行した。当初から呼応したのが中国だ。2014年から習近平とジョコ大統領は8回も対面で話し合っている。現在でも世界で最も多く投資しているのは中国で、中でも車載バッテリーの世界市場トップの中国の民間企業CATL（寧徳時代新能源科技）が主導している。中国国有の宝武は、青山鋼鉄とともにステンレス鋼生産をインドネシアでリードする構えだ。

一方、アメリカのオースティン国防長官は2022年11月にインドネシアを訪問してアメリカのF‐15戦闘機を購入するようインドネシア政府に圧力をかけたが、拒否された。インドネシアはすでにフランスから42機のラファール戦闘機を購入している。

インドネシアの政府高官は、アメリカは常に武器購入の交換条件を突き付けてくるので嫌だという趣旨のことを言ったようだが、アメリカの制裁外交とドル覇権を嫌がる「アメリカ追従ではない陣営」が、思わぬところで結びついている。電力はロシア・中東・中央アジアからいただき、新疆ウイグル自治区には太陽光パネルを張り巡らす。こうして習近平が描く多極化は、経済面で米一極から抜け出し、世界新秩序を形成しようとしているのだ。

第四章

毛沢東と習近平を魅了した荀子《じゅんし》哲理「兵不血刃」

一、毛沢東の読書癖

第三章の【六、毛沢東とフランス】でも触れたように、毛沢東は小さい時から読書が好きで、農家に生まれ「学問など必要ない！」と頑固に叫ぶ父親のせいで、小学校にも上がらせてもらえなかった。第三章と一部重なるが、毛沢東の日本への尊敬のまなざしとも関係してくるので、その経緯を少し詳細にご紹介したい。

1893年（清王朝、光緒19年）12月26日、毛沢東は湖南省長沙《ちょうさ》府《ふ》湘潭《しょうたん》県《けん》韶山《しょうざん》で生まれた。字《あざな》は潤之。父親は富裕な農民で、いうならば地主。毛沢東は5人兄弟の三男だったが、兄たちは早世したので、事実上長男として育てられた。父親は貧乏人から富農に這い上がったことから、ひどく厳格で金遣いに厳しい。毛沢東の祖父に負債があったため、一時期湘南の地方軍であった湘軍に従軍して給料をもらい、多少の教育も受けたために読み書き程度と数字の計算ができるだけだ。

だから毛沢東がまだ6歳の頃から、牛の放牧、牛糞ひろい、雑草取りなどの野良仕事をさせている。8歳になると小さな私塾に通わせたが、残り時間はやはり厳しい野良仕事。私塾といっても、毛家の親戚が営む農村の塾なので、学ぶのは「字が読めること」くらいだ。母親は字が読めないので、字が読めることだけでも十分にすごいのである。

字が読めるようになると、一日に2時間程度、「論語」とか「四書」あるいは「三字経」「六言雑詩」などを、声を上げて読むことを学んだ。字さえ読めれば読書は自由にできるようになる。漢詩には興味を持ったが、他の四角四面の教えなどおもしろくもない。毛沢東は当時清王朝で禁書となっていた『水滸伝』や『三国志演義』、『西遊記』などに惹きこまれた。

13歳になったある日のこと、取引先のお得意さんを招いた宴席の場で、父親が毛沢東に接待の手伝いをするように命じた。毛沢東がいやがると、父親は公衆の面前で「おまえは実に怠惰で、役に立たないやつだ！　この親不孝者がぁ！」と罵倒した。毛沢東が、父親にとっては「くだらない本」ばかり読んでいることに、日頃から業を煮やしていたのだ。

毛沢東はこの時、儒教の教えをまとめた『礼記《らいき》』の中の成句、「父慈子孝」（父親が慈愛深ければ、子供も孝行をする）を、これもまた客の前で父親に言い返した。それは儒教など学んだことのない父親に対するいやがらせでもあり、精一杯の反抗だったにちがいない。

その言葉は父親をいっそう怒らせ、いつものように毛沢東を思い切り殴ろうとした。

殴られまいとして逃げると、父親が追いかけてきたので毛沢東は家の前にある池まで突っ走り、池の縁に立つなり、「殴るなら、殴れ！　これ以上、一歩でも近づいたら、この池に飛び込んで死んでやる！」と父親を威嚇した。その場をなんとかおさめたのは母親だった。母親は無学ながら心やさしく、毛沢東を可愛がっていた。

しかし父親は振りあげた拳の先が収まらない。「それなら地面に頭を付けて謝れ！」と毛沢東を怒鳴る。母親の立場を考えて、しぶしぶひざまずき額を地面にすりつけたが、背中を丸くしたその空間の中で、毛沢東の反逆心は燃えていたにちがいない。

相手が強く出れば、こちらも威嚇してやる。しかし力がない間は「闇に隠れて力を養い、報復の時を待つ」。

これを「韜光養晦《とうこうようかい》」（タオ・グワン・ヤーン・ホイ）と称する。

のちに毛沢東が編み出す帝王学の基本中の基本だ。最も早くは西暦820年頃、『旧唐書《くとうじょ》・宣宗記』（完成は945年）に現れた教えである。

このひざまずいた姿勢の「闇」の中で、毛沢東は「韜光養晦」という四つの文字を見ていたにちがいない。そこに帝王学への最初の萌芽《ほうが》があったものと思われる。

日本では、この言葉をまるで鄧小平が使い始めたように勘違いしている中国研究者やメディアが多い。鄧小平は「韜光養晦」を中心に中国外交を動かしていたのに、習近平は「戦狼外交」を展開していて実に愚かな憎むべき悪党だと言いたいために、鄧小平を神格化して習近平を非難するのが日本人は好きなようだ。

この「無知蒙昧《もうまい》さ」は意図的なのか、それとも本当に無知蒙昧なのかは分からない。だが中国の真相を理解するためには何の役にも立たず、いっときの気休めとうっぷん晴らしにはなるだろうが、中国の真相を見誤ることによって日本国民に大きな不利益をもたらし、悪い結果を招くのみだと言えよう。

さて毛沢東はこの件以来、私塾に通うことも禁止され、もっぱら農作業に専念するよう命ぜられた。昼間は畑仕事と牛の放牧、そして牛糞ひろいで、夜は父親の帳簿の整理をする。しかし毛沢東は懲りずに時間を盗み出しては読書に励《はげ》んだ。またもや怠惰だと罵《ののし》る父親。

それでも毛沢東が読書をやめることはなかった。夜は部屋の窓から灯りが漏れないように、窓に布団を押しつけて夜中まで本を読み漁った。毛沢東は終生夜更かしで、ベッドの周りには本が積み上げられていたが、その習慣はこの時にできたものと思われる。

写真4-1に示したのは、国家主席になったあと、中南海の菊香書屋という書斎を住居にしていた毛沢東の姿を、魏楚予《ぎそよ》という画家が描いた『求索』という油絵である。1992年頃から構想しはじめて、7年間かけて描いたとのこと。毛沢東のベッドは、いつもうず高く積み上げられた本によって囲まれていたのは有名だ。

写真4-1　魏楚予という画家が描いた『求索』

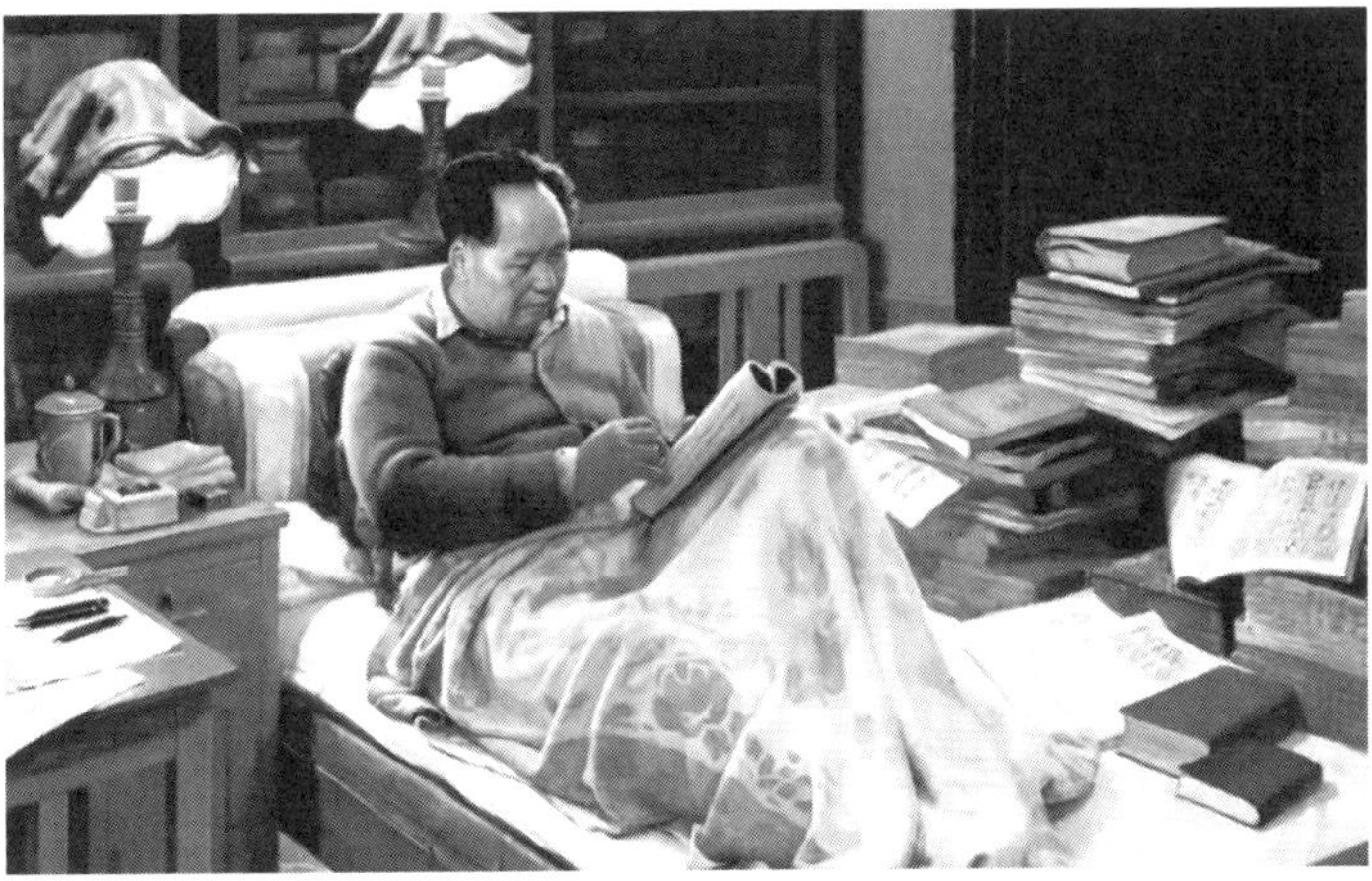

私は1989年からは単身赴任で千葉大学に行き、2004年に筑波大学を退官するまで、ひたすら中国人留学生の学習だけでなく生活の世話もしてあげていたのだが、単身赴任でもあったことから、よく彼ら彼女たちが私の自宅にまで来て相談を持ちかけていた。

その時に少なからぬ中国人留学生が私のベッドの周りに高く積み上げられた本の壁を見て、「あ、遠藤先生は、まるで毛沢東みたいですね！」と言って笑ったものだ。

まさに写真にあるように、私はベッドの横に同じ高さの長い棚を置き、その上に本やプリントアウトした資料を積み重ねて、眠りに落ちる寸前まで読み漁る日夜を過ごしていた。そのような経験からも、毛沢東の読書欲には何やら親近感を抱く。

そんな毛沢東は14歳の時、『支那瓜分之命運』（分割される支那《しな》の運命）という本に出会う。この本の中には「ああ、中国はやがて滅びるなり！」という言葉がある。大日本帝国の朝鮮や台湾の占領をはじめ、大英帝国のミャンマー占領、フランスのベトナム占領などが書かれており、毛沢東に「国家」という意識を呼び起こさせた。そして明治維新に関する本を読み漁った。

毛沢東の知的欲求を止めることは、もうできない。

反対する父親を親戚に説得してもらい、毛沢東は初めて「小学校」というものに上がる。湘郷東山小学というその小学校は隣の県の湘郷県にあったため、毛沢東は生まれた湘譚県を離れるのだが、父親と離別する際に西郷隆盛が詠《うた》ったとする漢詩「将東遊題壁」（まさに東遊せんとして壁に題す）をもじった漢詩「改西郷隆盛詩贈父親」を披露して、父親との別れの歌とするのである。もっとも、この漢詩は幕末の尊皇攘夷派の僧、釈月性《しゃくげっしょう》が詠ったもののようだが、毛沢東は西郷隆盛の詩と勘違いをしたようだ。

しかし、いずれにせよ、毛沢東が明治維新に惚れ込んでいたことだけは確かだ。

新たな国を創る――。

毛沢東を「建国の父」たらしめる決意の発端の一つは、明治維新にあった。

湘郷東山小学には日本留学から戻ってきた教員がいて、ここでもまた明治維新と大日本帝国の革新的な精神を教わる。この時教えられた日露戦争勝利を讃《たた》えた「黄海の歌」に、毛沢東は大日本帝国の強大さを感じ、何かしら奮い立つものを覚えたのである。

1840年に起きたアヘン戦争に清王朝が敗北して以来、イギリスやフランスなどの欧米列強のアジア進出はすさまじく、中国をはじめとした多くの東アジア諸国を植民地化していった。この時、日本もまた欧米列強に植民地化されていてもおかしくはない。

だというのに、アジアの一小国に過ぎない日本は、なぜ欧米列強による植民地化から逃れることができたのか。それを可能にさせたのは明治維新以来の富国強兵策であり、良いか悪いかは別として、自ら打って出たからではないだろうか……。毛沢東の関心はそこに向けられていた。

当時、日本に最も大きな脅威を与えていたのは、ほかならぬロシア帝国(1721~1917年)だ。イギリス帝国の規模にも匹敵していたロシア帝国は不凍港を求めて南下し、遼寧省の大連や旅順などを清王朝から租借して植民地化していた。事実上ロシアは、中国の東北三省(満州)一帯を制覇していたと言っていい。あとは朝鮮半島さえ獲得すれば、次に日本を植民地化することは目前であった。

しかし、日本はそれを防ぎきった。

折りしもフランスはシベリヤ鉄道開発に関して露仏同盟を結び、そのフランスと地球上のいたるところで植民地奪取を争っていたイギリスは、フランスの強大化を抑えるために日本と日英同盟を結ぶ。日本にとってもこの日英同盟は、日本が植民地化されないための、絶好の選択だったにちがいない。

日本は表面上、朝鮮半島の「中立化」を唱えて日清戦争(1894~95年)を戦い、勝利している。その結果結ばれた下関条約に対してロシア、ドイツおよびフランスが「おい、日本、取り過ぎではないか。遼東半島を清に返せ」と、ただちに干渉してきたのが三国干渉だ。

要は、ロシアは旅順・大連という不凍港を手放したくなかったのである。清に返せとして日本から譲歩を引き出しながら、日本が清国に返還すると、結局ロシアは自国の軍事基地として旅順を使い始めた。

こうして日本はロシアと開戦。日露戦争が始まり、そして奇跡的に日本が勝利した。

毛沢東は日清戦争に関しては清王朝への批判からか、特に注目していないが、日露戦争に関しては、「アジア人が白人に勝利した」として高く評価し、日本への憧憬と敬意を以て強い関心を示している。

毛沢東は日本が好きだった。

拙著『毛沢東　日本軍と共謀した男』にも詳述したように、毛沢東はひたすら日本を尊敬し、日中戦争（1937年7月7日〜1945年8月15日）が始まってからも、その「戦略」あるいは「賢い狡さ」がもたらしたものではあったが、日本軍と裏で手を握っていた。日本軍が戦っている相手は蔣介石率いる「中華民国」国民党軍なので、その国民党軍をやっつけてくれる日本軍は、毛沢東にはありがたい存在だったからだ。毛沢東の「敵」は日本ではなく、国民党軍である。蔣介石率いる国民党軍を倒して毛沢東率いる共産党軍が勝利を収め、天下を取るというのが毛沢東の最大目標だった。

したがって天下を取ったあとの毛沢東は、日本に対して「侵略」という言葉を使わず「進行」としか言わなかったほどだ。「侵攻」とさえも言っていない。国内的には「抗日戦争に勇猛果敢に戦っているのは国民党軍ではなく共産党軍だ！」と激しいプロパガンダをして多くの一般市民や農民を共産党軍側に引き付けたが、戦後、元日本軍の賓客を北京に招いては「皇軍に感謝する」をくり返していた。

さて、話を1910年頃に戻すと、毛沢東が、アメリカのジョージ・ワシントンやロシア帝国のピーター大帝などの偉人伝も愛読していたところを見ると、この段階できっと「天下を取る大志」を夢見ていたものとみなすことができる。中国国内に関しては清王朝末期に「戊戌《ぼじゅつ》の政変」を起こした康有為《こうゆうい》や梁啓超《りょうけいちょう》ら維新改革といった思想にも深い感銘を受けている。

1911年、18歳の時に毛沢東は湖南省の省都・長沙市にある湘郷駐省中学に入学するが、この時、孫文が率いていた革命党の新聞で黄花崗《こうかこう》武装蜂起（中国語では黄花崗起義《チーイー》）という反清政府革命運動が起きたのを知る。これは孫文が清王朝を打倒するために1905年に東京で結成した中国同盟会を中心とするメンバーが、1911年4月に広東省の広州で起こしたものだ。毛沢東はこの武装蜂起を知ると、自分も清王朝を倒すために何かしたいと思い、初めて政治的な行動に出る。学校の壁に「満州清王朝を打倒せよ！　民国を樹立せよ！」というスローガンを貼り、清王朝への抗議の証《あか》しに、清王朝が強制していた辮髪《べんぱつ》を自ら切ってしまうのである。

黄花崗武装蜂起が失敗に終わると、一部の革命運動者たちは長江流域に拠点を移し、湖北省武漢市にある武昌《ぶしょう》という区域（現在は武昌区）で、1911年10月10日に武昌蜂起を起こした。辛亥《しんがい》革命の幕開けだ。

武昌は三国志時代の208年に、曹操と孫権・劉備連合軍との間で戦われた「赤壁の戦い」で知られる場所である。その武昌で革命軍が武装蜂起したことは、青年たちの熱い血潮を刺激した。

この時、毛沢東も長沙革命党が率いる革命軍の兵士になって革命運動に参加し、湖南新軍の一兵士となる。学生たちが創った学生軍もあったが、毛沢東が学生軍には入らず湖南新軍に入ったのは、毎月給料7元がもらえることが魅力的だったという。多少の軍事訓練も受け、それがのちに役立っている。

１９１２年2月、清王朝最後の皇帝、愛新覚羅《あいしんかくら》・溥儀《ふぎ》の退位により、清王朝は崩壊した。毛沢東が革命軍に参加したのは、清王朝打倒だったので、それが成功した今、入隊した目的は達成されたと考え、長沙の中学校に戻って再び勉学に励もうとする。

しかし18歳を超えた青年が、6歳ほど年下の少年たちが学ぶ中学校に戻るには、プライドが許さず、そもそも毛沢東のような器を受け容れるだけの度量が中学にはないと毛沢東は感じた。規則でしばるばかりで、すでに卒業済みの内容の授業に塡《は》め込まれることなど、まっぴらだった。結果、ほとんど授業に出なかったため除籍となる。

普通高校を受けてみたが、数学と英語力がゼロで不合格。やむなく長沙にある図書館で読書に没頭し、ここでルソーの『社会契約論』やアダム・スミスの『国富論』、モンテスキューの『法の精神』、あるいはハックスリーの『進化論と倫理学』などを読み、啓発を受ける。

なによりも大きな衝撃だったのは、生まれて初めて世界大地図を見たことだった。

その地図は図書館の壁に掛けられており、無限に大きいはずの中国は世界の一部に過ぎないではないか――。

それは新鮮なショックであるとともに、世界制覇はできないにせよ、せめて世界大地図の中の「中国」の部分を制覇したいという「大志」を抱かせたのだろう。図書館に通うたびに、毎日仰ぎ見た。仰ぎ見て立ち止まり、「よし！」と決意するかのように読書に挑戦した。

二、毛沢東と荀子【兵不血刃】

毛沢東の読書癖を知らない者はいないほど有名だが、2013年12月26日の「半月談」（中共中央宣伝部委託新華社主宰の隔月刊雑誌）は、「毛沢東の尋常でない読書量に関しては今さら言うまでもないが」と断った上で、毛沢東が殊《こと》の外《ほか》、荀子に深い興味を持っていたことを紹介している。

荀子というのは紀元前313年頃から紀元前238年（諸説あり）まで生きていた中国戦国時代末期の思想家・哲学者で、「性悪説」で知られる。「性悪」なので、生まれた後に努力すれば、どんなにでも良くなるという考え方だ。

また荀子は農業こそは国家の富の生産の最も重要なもので、「人々がただ学者でしかなく（思想・哲学のみを語り）、産業や商業に力を注がないと、国家は貧しくなる」と断言している。

古代中国では、災害は天の意思表示とみなされていたが、人間の後天的努力を重視する荀子は、両者の相関関係（災害は天の意思）を否定した。また、古代の神話的天子（先王）を君主の理想像とする伝統的考え方に対して、政治はいちばん近い時代において現実に努力した王、つまり「後王《こうおう》」の定めた政策や制度に従うべきだ、という後王思想をも主張している。

したがって毛沢東は荀子こそが唯物論者で、性善説を唱える孟子《もうし》は唯心論者だと批判していた。

「半月談」では、毛沢東の「荀子・天論」に関する解釈を取り上げ、毛沢東が荀子の二つの哲学思想を高く評価していたとしている。

一つ目は「人間は自然の規律を制御して、それを活用する」というもので、毛沢東はこの考え方を「人間は自然を征服する」と概括している。二つ目は「法後王」という歴史観だとのこと（「法」は学ぶという意味）。この「後王」の中には、秦の始皇帝も入ると毛沢東は言っているので、なんともスパンは長い。

事実、『毛沢東年譜』第5巻（中共中央文献研究室編、中央文献出版社）の500頁目には、1965年6月13日の記録に、図表4-2に示したような文言がある。アンダーラインを引いた部分を訳すと、以下のようになる。

——荀子は唯物主義者で、孔子は唯心主義者だ。孔子は奴隷所有者と貴族を代表し、荀子は儒教の左翼である地主階級を代表する。孟子も孔子と同じく唯心主義者だ。中国の歴史上、実際に何かを成し遂げたのは秦の始皇帝だけであり、孔子は空論しか言っていない。いくつかの点で、秦始皇帝の方法は間違っていた。しかし彼は13年間しか統治していないのに、彼の影響力は何千年も続いている。

これは、1965年6月13日に訪中したベトナムのホーチミンとの会話の中で毛沢東が語っ

図表4-2 『毛沢東年譜』第5巻（中共中央文献研究室編、中央文献出版社）の500頁目

500　　1965年6月

反对赫鲁晓夫修正主义的斗争进行到底》一文，批示："康生、冷西同志：此文已经看过，写得很好，照此发表。"这篇文章在六月十四日《人民日报》和同日出版的《红旗》杂志一九六五年第七期发表。

6月13日　下午，在杭州会见胡志明，董必武、江华在座。谈到越南问题时，毛泽东说：总之，我们是有准备的，美国要怎样打，我们就怎样打。约翰逊这个人不高明，不对头，不合逻辑，没个准。当胡志明谈到他上个月离开长沙后去了很多地方，参观了孔子的家乡曲阜时，毛泽东说：孔子的家乡我去过两次，一次是四十多年前，一次是解放后。孔子自己就乱杀人。他当了首相才七天，就杀了他的反对派少正卯。少正卯只是爱说话，会说话些，他把孔子的学生争取过去了。孔子杀他，是为了抢学生。这件事后来被荀子揭发出来。荀子是唯物主义，孔子是唯心主义。孔子代表奴隶主、贵族，荀子代表地主阶级，儒家的左派。孟子和孔子一样，也是唯心主义。在中国历史上，真正做了点事的是秦始皇，孔子只说空话。有些事，秦始皇的办法不对。他虽然只统治了十三年，但影响有几千年。毛泽东对胡志明说：你什么时候感到需要休息，就到我们这里来，去什么地方都行。

6月15日　下午，在杭州汪庄召集本日由北京来杭州的周恩来、彭真、陈毅、李先念、罗瑞卿开会，研究第二次亚非会议

『毛沢東年譜』第5巻p.500より筆者作成

た言葉だ。

1930年代半ばから1940年代初期にかけて、延安で毛沢東と激しい論争を重ねてきた王明（1904～74年。コミンテルン中国代表）は、「毛沢東は秦の始皇帝の統治に非常に興味を持っている」と回顧録に書いている。

荀子の教えの中で、毛沢東に最も大きな影響を与えたのは「荀子・議兵」の中にある【兵不血刃】だと言っていいだろう。

この熟語の前後は、以下のようになっている。

――故近者亲其善，远方慕其义；兵不血刃，远迩来服；德盛于此，施及四极。
（故に、帝王の近くにある者は親しみあい、帝王の遠くにある者はその徳を慕う。兵は刃《やいば》に血塗らずして、遠方の地から人来たりて服従し、徳盛んにして四方の極地にまで及ぶ。）

この一節の【兵不血刃】の部分は、やがて毛沢東の「農村を以て都市を包囲する」という巨大な戦略へと転換していく。

日本が敗戦すると、「中華民国」の蔣介石が率いる国民党軍と、「中華民国」から見れば反政府軍であるところの毛沢東が率いる共産党軍は、「国共内戦」という戦争に突入していった。これを中国大陸では「解放戦争」とか「革命戦争」と称することが多い。

「解放戦争」という言葉は、国民党の圧政に苦しむ人民を共産党軍（のちの中国人民解放軍）が「圧政から解放してあげる」という意味で使い、共産党軍が占拠した地域を「解放区」と称した。「革命戦争」というのは、現在ある政権（「中華民国」政権）を転覆させるという意味で「革命」という言葉を使うために生まれた言葉である。

この国共内戦の中で最も凄惨だったのが私がいた長春で、中国大陸のネットでは長春における解放戦争に関して**「兵不血刃解放長春」**とか**「兵不血刃拿下《ナーシャー》（手に入れる）長春」**といった言葉に満ちている。

長春は「満州国」時代の国都「新京特別市」だったので、カイロ宣言で日本敗戦後に「満州国」は「中華民国」に返還されると謳われていた。蔣介石としては、「旧満州国に誰がいるか」によって、「中華民国は誰のものか」を国際社会に示したかったものと思う。だから日本敗戦によって「長春市」という名前に戻ったその都市に誰がいるかを見せるため、長春市を国民党軍の根拠地の一つに選んだ。

そのため兵力や武器装備において圧倒的に国民党軍に劣る共産党軍は、国民党軍と直接戦火を交えることなく、毛沢東の「農村を以て都市を包囲する」という戦略に基づいて食糧封鎖されたのである。これこそが、毛沢東最大の【兵不血刃】戦略であった。

三、食糧封鎖された長春の惨劇「チャーズ」
――毛沢東最大の【兵不血刃】

1946年夏、日本敗戦後に中国に遺された日本人約百万人の日本帰国があった。これを「百万人遣送」と称する。この時中国吉林省長春市にいた私の一家は、父が技術者だったために帰国を許されなかった。父は麻薬中毒患者の治療薬を発明し、彼らを助けるために中国に渡ったのだった。

終戦後長春市はソ連軍の軍政下で現地即製の国民党軍が管轄していたが、1946年4月に共産党軍が攻撃してきて市街戦で勝ち、長春市は一時期共産党の施政下にあった。しかし毛沢東の命令により共産党軍が5月に北の方向に向かって消えると、入れ替わりに国民党の正規軍が入城してきて、第一回の日本人遣送が始まったわけだ。

1947年になると、国民党政府に最低限必要な日本人技術者を残して、他の日本人は強制的に日本に帰国させられた。この時も父は帰国を許されなかった。

最後の帰国日本人が長春からいなくなった1947年晩秋、長春の街から一斉に電気が消えガスが止まり、水道の水も出なくなった。

共産党軍による食糧封鎖が始まったのだ。

長春は都会化された街なので畑がない。食糧はみな近郊から仕入れていた。餓死者が出るのに時間はかからなかった。早い冬が訪れると凍死する人も増えた。当時は零下36度まで下がる長春で、暖房なしで生きていくことは不可能だった。

1948年、季節が春めいてくると、行き倒れの餓死者や父母を失って街路に這《は》い出した幼児を犬が食べ、その犬を人間が殺して食べる光景を目にするようになった。しまいには、中国人だけが住んでいた（満州国新京市時代に）「シナ街」と呼ばれていた区域では「人肉市場」が立ったという噂が流れるようになった。

私の家からも何人も餓死者が出て、このまま長春に残れば全員が餓死すると判断された1948年9月20日、私たち一家は長春を脱出することになった。その前日、一番下の弟が餓死した。

20日朝早く包囲網にある唯一の出口があるという「チャーズ」に向かった。

全員栄養失調で、皮膚が老人のように皺《しわ》だらけになり、立ち上がるだけでも苦しかったが、夕方には「チャーズ」の門にたどり着いた。この門をくぐれば、その外には解放区があり、解放区には食糧があると思ったところ、包囲網は二重になっており、国民党軍が管轄する長春市を鉄条網で包囲しているだけでなく、その外側にも鉄条網があり、外側の鉄条網が解放区と接していたのだった。

「チャーズ」はこの二重の鉄条網の間にある真空地帯だったのだ。

国民党側の「チャーズ」の門をくぐって国民党軍に指示され、しばらく歩くと、餓死体が地面に転がっていた。餓死体はお腹の部分だけが膨らんで緑色に腐乱し、腐乱した場所が割れて、中から腸が流れ出しているのもある。銀バエが、辺りが見えないほどにたかり、私たち難民が通るとパーッと舞い上がった。

共産党軍側の「チャーズ」の鉄条網の柵近くにたどり着いた時は、暗くなっていた。

ここに座れと指図したのは、日本語ができる朝鮮人の共産党軍兵士だ。

私たちは一般に共産党軍を「八路軍《はちろ》」と呼んでいたので、その言い方をすれば「朝鮮人八路」だ。

脱出の時に持って出たわずかな布団を敷いて地面で寝た。

生まれて初めての野宿だった。7歳になっていた。

翌朝目を覚まして驚いた。

私たちは餓死体の上で野宿させられていたのである。

見れば解放区側（共産党軍側）にある鉄条網で囲まれた包囲網には大きな柵門があり、八路軍の歩哨《ほしょう》が立っているが、その門は閉ざされたままだ。

一縷《いちる》の望みを抱いて国民党側の門をくぐった難民はみな、この中間地帯に閉じ込められてしまったのである。ナチスのガス室送りにも似ている。

水は一つの井戸があるだけで、その井戸には難民が群がり、井戸の中には死体が浮かんでいる。

食べる物などあろうはずもなく、新しい難民が「チャーズ」の中に入ってくると、横になって体力の消耗を防いでいた難民が一斉に「ウオー！」っと唸《うな》り声を上げながら立ち上がり、新入りの難民めがけて襲い掛かる。

この時日本人はもうほとんど長春にはいなかったので、「チャーズ」の中にいたのは中国人の一般庶民だ。死んだばかりの餓死体をズルズルと引き寄せて輪を作り、背中で中が見えないようにして、いくつもの煙が輪の中心から立ち昇った。

私もいつかは食べられてしまう――！

その恐怖におののきながら地面に溜まっている水をすくい上げ、父が持参していたマッチで火を起こして「水」を飲んだ。

用を足す場所もない。死体の少なそうな場所を見つけて用を足すと、小水で流された土の下から、餓死体の顔が浮かび上がった。見開いた目に土がぎっしり詰まっている。この罪悪感と衝撃から、私は正常な精神を失いかけていた。

崩れかけた低い石垣に手をかけ体を支えながら立ち上がると、その下では、鉄砲に撃たれて流れている母親の血を母乳と勘違いしてペロペロなめている乳児がいた。

夜になり、恐怖に引きつりながら父にしがみついて餓死体の上に敷かれた布団で眠りに入ろうとすると、地を這うような呻《うめ》き声で目が覚めた。

信仰心の篤《あつ》い父が、救われぬ御霊《みたま》の声だと言って立ち上がった時、父のもとを離れたら死ぬという思いから父のあとをついていった。

するとそこには死体の山があったのである。

父がお祈りの言葉を捧げると、死んでいるはずの死体の手先が動いた。

その瞬間、私をこの世につないでいた最後の糸が切れ、私は廃人のようになっていた。

4日目の朝、私たちはようやく「チャーズ」の門を出ることが許された。

父が麻薬中毒患者を治療する薬を発明した特許証を持っていたからだ。

解放区は技術者を必要としていた。

この時父は自分の工場で働いていた人やその家族、あるいは終戦後父を頼りにして帰国せず父が面倒を見ていてあげた家族をも同行していたが、その中にご主人は餓死なさって、奥さんと子供だけが残っていた家族もいた。

すると、いざ出門となった時に八路軍の歩哨の上司がやってきて、「遺族は技術者ではない！」として、この親子だけを切り離して出門を許可してくれなかった。

父は八路軍の前に土下座して、「この方たちは私の家族も同然です。どうか、一緒に出させてください……！」と懇願した。

すると八路は土下座して地面につけている父の頭を蹴り上げ、「それなら、お前もチャーズに残れ！」と、あおむけに倒れた父を銃で小突いた。骸骨《がいこつ》のように痩《や》せ衰えた父を母が支え、「お父さんは、この子たちの父親でもあるのですから……」と懇願した。

私は1946年の市街戦で八路軍の流れ弾が腕に当たり、その痕《あと》に、家で面倒を見てあげていた開拓団のお姉さんの結核菌がうつって、全身結核性の骨髄炎に罹《かか》り、栄養失調が重なって死ぬ寸前の状態だった。すぐ下の弟は栄養失調で脳炎を起こし、母の背中で首を後ろにカクっと倒したまま意識を失っている。死ぬのにそう時間はかからないだろう。

父は断腸の思いで「チャーズ」をあとにする決意をした。

父の無念の思いを、私は日本帰国後何十年かした日の、父の臨終の言葉で知った。

仇を討ってやる——！

その思いで書いたのが『卡子（チャーズ）出口なき大地』（1984年）だが、何度復刻版を出しても絶版になり、2022年7月に『もうひとつのジェノサイド　長春の惨劇「チャーズ」』として復刊した。

長春が解放されたのは1948年10月17日のことだ。

長春市内に立てこもる国民党軍の中に、蔣介石嫡系の新七軍以外に、雲南省から来た第六十軍がいたが、雲南第六十軍は新七軍に虐められて、同じ軍の中でも食糧を与えてもらえなかった。それを知った長春市を包囲する共産党軍は、鉄条網越しに第六十軍に「こっちに来いやー！　美味しいものが食べられるぞー！」と呼びかけ、実際に「美味しいもの」を差し入れしていた。こうして第六十軍が共産党軍に寝返って、長春は陥落したのである。

これこそが【兵不血刃】の極意だ。

しかし、数十万人の無辜の民が餓死で命を落としている。餓死者は流す血もないほど、衰弱して亡くなったのだ。それでも「戦う兵士は、刃に血を塗ることなく共産党軍は勝利した」。長春が陥落すると、共産党軍は一気に南下してつぎつぎと大きな都市を解放し、中国共産党軍は「台湾だけを残して」勝利した。こうして1949年10月1日に新中国、中華人民共和国（＝現在の中国）が誕生したのである。

中国史上、ここまで壮大な【兵不血刃】はない。その数少ない生存者として、私には中国のこの無残とも言える大地の哲理を見極める使命があるように思われてならない。

と同時に、序章で述べたように、同様のことが現在も、習近平が起こす「地殻変動」としてあり得るのではないかと警戒するのである。

四、習近平、中国古典「エロス」との出会いがきっかけ

習近平が生まれたのは1953年6月15日で、父・習仲勲が陝西省から北京にやってきたことにちなんで、「北京（＝北平）が近づいた」という意味から「近平」という名が付けられた。

習仲勲（1913～2002年）は陝西省富平県に生まれ、15歳の時から中国共産党に入党し、陝西省や甘粛省など中国の西北部を中心に革命根拠地（のちの西北革命根拠地）を築いた。延安もその革命根拠地にあった。

1934年末から1936年にかけて、毛沢東らの紅軍（中国共産党軍）は蔣介石の紅軍討伐により中華ソビエト共和国の首都であった江西省瑞金《ずいきん》を放棄して北西に向けて移動するのだが、全国の革命根拠地はすべて蔣介石・国民党軍によって占拠されていた。残るは習仲勲が創設した西北革命根拠地だけしかなかった。

いよいよ行き場を失った毛沢東は、「精神的栄養が欲しい」と言って部下に新聞などの情報を取らせに行くのだが、それにより、直ぐ近くに革命根拠地があるのを知って習仲勲がいる西北革命根拠地にたどり着くのである。

もしあの時に西北革命根拠地が残っていなかったら「革命の聖地」である「延安」もないわけだから、中華人民共和国は誕生していない。したがって習仲勲は毛沢東に中華人民共和国を誕生させることを可能にしてくれた大恩人だ。習仲勲の誠実で朴とつな性格も手伝い、毛沢東は自分の後継者の一人にしようと、彼をこの上なく可愛がった。

1952年に毛沢東は、地方に分散している「建国の五人の将」たちを北京に呼んで中央での業務に集中させようとした。これを「五馬進京」と言う。その中に習仲勲がいた。ほかにも西北革命根拠地にいて、建国と同時に東北局の書記を任せられた高崗《こうこう》という「将」もいたのだが、毛沢東は高崗と習仲勲を可愛がり、この二人を後継者に考えていたのだ。

それを知った鄧小平は西北局組が出世し、自分が取り残されるのを嫌って、さまざまな陰謀を仕掛けた。まず高崗を反党分子として吊るしあげ、1954年に自殺に追い込んでいる。つぎに1962年に習仲勲を同じく反党分子として冤罪《えんざい》で失脚に追い込むことに成功し、習仲勲はその後16年間も牢獄や軟禁生活を強いられるのである。

親の仇《かたき》を討ってやるという決意に燃えて国家のトップに立ったのが習近平で、その詳細な経緯は拙著『習近平　父を破滅させた鄧小平への復讐』（ビジネス社、2021年）で述べた。その本でも習近平の古代中国文化へのこだわりの動機に触れているが、そこには書いていなかった、思いもよらないようなエピソードがあるので、ご紹介したい。

2016年10月14日の新華網に、中国共産党機関紙「人民日報」からの転載として「習近平総書記の文学への愛情」という見出しで、習近平が中国の古典文学に接触を持ち始めたきっかけが書かれている。

前述のように習仲勲が失脚すると、残された家族は中南海から追い出されて中央党校のキャンパスにある宿舎をあてがわれる。新華網によれば、習近平が15歳になった頃、党校のキャンパス内で書籍を運ぶ役割をしていた人と仲良くなった。当時の中央党校の要求で、すべての本を「科学会堂」に集めるということになっていたらしい。そこでその人と一緒に本を運ぶ仕事などをしたのだが、まあ、運ぶついでに何冊か頂戴してこっそり読み始めたというわけだ。

その本がなんと、中国古典の中でも際立って露骨な性描写がある明朝時代の代表作『三言《さんげん》』だったのである。『紅楼夢《こうろうむ》』などが上品に見えるくらいどぎついので、一般に親は子供に読ませたがらないものだが、15歳になっていた習近平は、それをくり返しくり返し読んだと本人が言っている。

もっとも、この本には『喩世明言《ゆせいめいげん》』『警世通言』『醒世恒言《すいせいこうげん》』と教訓のようなことが多く、「こういうことをしてはだめですよ」とか「こういうことをすると、こんなに悲惨な運命が待っているので、気を付けましょうね」といった種類の警句が数多く収められているので、習近平は何ら恥じることもない様子で、それらの警句を今でもそらんじていると言っている。

その後、中国古典に深く興味を持つようになり、あらゆる種類の書物を読んでは、そこから多くの教えを学び取ったという。

ただ15歳と言えば1968年に入っていることになり、すでに文化大革命（1966〜76年）に突入している時期だ。習近平は自ら文革の下放先として「延安」を選び、誰よりも重い荷物を抱えて汽車に乗った。二つの大きな旅行鞄の中には、本がぎっしり詰まっていた。

五、荀子を選んだ習近平

長い読書生活と政治人生を通して、習近平が最終的に選んだのは、どうやら「荀子の教え」のようだ。

2014年11月25日の「中国共産党新聞網」（網：ウェブサイト）は、「『親しみやすい習近平が持つ言語の力』詩文引用編　学者は役人になる必要はないが、役人は学習しなければならない

――幹部が学習することは党と国家の事業発展に関係する」という長いタイトルの報道をした。

そこには2013年3月1日、前年の11月に中共中央総書記となった習近平が中央党校建校80周年祝賀大会の2013年春学期開学式典で祝辞を述べたとある。入学者は、基本的に地方の役人、官僚などだ。

1968年に中央党校のキャンパス内で本の運搬を手伝いながら『三言』を盗み読みしていたあの習近平が、45年後には中共中央総書記として同じキャンパスに戻ってきたのだから、感慨もひとしおだったことだろう。それも中央党校のキャンパスにいたのは、父・習仲勲が鄧小平の陰謀により反党分子として投獄されたからだ。「仇を討ってやったよ」と報告する父親は、もう10年ほど前に他界している。

今では、その党のトップにいて中南海に戻ってきている習近平は、「学者は役人になる必要はないが、役人は学習しなければならない」と祝辞で述べた。

この言葉は『荀子・大略』第二十七編にあり、原文は「君子が昇進すれば、上司の名誉に利し、部下の悩みを減らすことができる。それができないのに昇進するのは、詐欺に等しい行為だ。それができないのに手厚い給料をもらうのは盗人のようなものである」となっている。

したがって習近平としては「皆さん、指導幹部になるためには、しっかり勉学しなければなりません」と言いたかったのだろう。

何を言いたかったかは別として、注目すべきは、習近平は学んだ多くの古典の中から、「荀子」を選んでいるということである。

２０１７年12月15日の「光明日報」（１９４６年創刊。中共中央直属のメディア）は「荀子：隆礼重法 仕者必為学（荀子：法を尊重し、役人は必ず学習せよ）」という見出しで、やはり習近平が歴代古典の中で何よりも「荀子」を重んじ、多用していると報じている。

その例として、２０１５年9月22日のアメリカ・ワシントン州政府での講演と、２０１７年1月18日の国連ジュネーブ本部での講演で、習近平が「荀子・君道」の中の「法なるものは、統治のはじまりなり」を引用したことを挙げている。荀子の言葉を用いて、ワシントンでは「中国は法に基づいて国家を統治するのを基本戦略としている」ことを強調し、ジュネーブでは国際秩序に関して国連憲章と一連の国際法を守る意義を強調したとのこと。「光明日報」には図表4-3にあるように、『荀子』の本の表紙を掲載する形で、いかに習近平が荀子を重んじているかを紹介している。

２０２１年1月25日の「中国軍網」は習近平が冬季北京五輪で「グリーン」を重んじていることにちなんで、２０１５年11月30日の気候変動パリ会議で習近平が「荀子・天論」の中の一節を引用したと伝えている。曰《いわ》く、「万物各々自然の調和を経て発生し、自然から養分を得て生育する」という「荀子・天論」の言葉があるように、「中華民族は歴史発祥以来、天と人の調和を重んじ、自然を尊重する」とスピーチしたとのこと。習近平は「荀子・天論」を、古代の素朴な唯物論の哲学的アイディアを要約および発展させるために書かれた有名な哲学論文で

図表4-3　荀子の本を紹介する光明日報

光明日报 首页>光明日报

《荀子》：隆礼重法 仕者必为学

2017-12-15 04:23　来源：光明网-《光明日报》

【总书记的足迹·光明书屋】

作者：江露露（北京师范大学国学经典教育研究中心助理研究员，陕西学前师范学院讲师）

作为蕴含大量治国理政思想的一部先秦著作，习近平总书记对《荀子》的引用之多在历代古籍中名列前茅。2015年9月22日在美国华盛顿州当地政府和美国友好团体联合欢迎宴会上的演讲中，2017年1月18日在联合国日内瓦总部的演讲中，习近平主席都引用了《荀子·君道》中的“法者，治之端也”，分别强调中国坚持依法治国的基本方略，以及联合国宪章和一系列国际法对于国际秩序的意义。

《荀子》，中华书局出版。资料图片

2013年3月1日，在中央党校建校80周年庆祝大会暨2013年春季学期开学典礼上的讲话中，习近平总书记引用《荀子·大略》中的“学者非必为仕，而仕者必为学”，说明领导干部不断学习是关乎党和国家事业发展的大事。此外，“民齐者强”“万物各得其和以生，各得其养以成”“道虽迩，不行不至；事虽小，不为不成”“善学者尽其理，善行者究其难”“国将兴，必贵师而重傅”“见之不若知之，知之不若行之”“骐骥一跃，不能十步；驽马十驾，功在不舍”等习近平总书记引用的古语，都出自《荀子》。

光明日報より

あり、歴史の中で卓越した業績と貢献を持っていると位置付けている。

２０２１年５月28日には、中国科学院・第20回院士大会、中国工程院・第15回院士大会および中国科学技術協会第10回全国代表大会などが人民大会堂で開催されたが、その時にも習近平は「荀子・大略」の中の一節を引用して演説した。

引用した言葉は「善学者尽其理、善行者究其難」で、これは「学習が得意な人は常に物事の原理と法則を探求するために最善を尽くし、実践が得意な人は物事の疑問に思うところを常に明確にしようという探求心を忘れない」という意味で、学習も実践も、どこまでも深く追究されなければならず、浅いまま留めてはいけないことを示した。

六、習近平哲学の軸【兵不血刃】＝「核心的価値観」

２０１３年３月15日に全人代で国家主席に選出されてからの習近平の演説、講話などを収録した『習近平談治国理政』（習近平、治国理政を語る）というシリーズものが外文出版社から出版されている。第一巻は２０１４年10月に出版され、その【六、社会主義文化強国を建設する】には２０１３年８月19日から２０１４年５月30日までの６回にわたる習近平の「文化強国」に関わる講演が収録されている。

１回目は「宣伝思想工作」、２回目は「道徳」、３回目は「ソフトパワー」、４～６回目は

「社会主義の核心的価値観」だ。

この「社会主義の核心的価値観」の中には、盛んに中国の伝統的な文化が培ってきた価値観が書かれており、そこでもまた「道徳」に関する記述が多い。たとえば4回目の「文化強国」に関する講演は、習近平が２０１４年2月24日に開催された「中共中央政治局第十三回集団学習」の際に話したものだが、そこには、人民が「道徳を重んじ、道徳を尊敬し、道徳を守り、高尚なる道徳理念を追求するように」人民を導けという言葉がある。

なぜここまで「道徳、道徳……」と叫び続けるかというと、その背景には２０１１年10月に起きた「小悦悦事件《シャオユエユエ》」と「中国政界と軍における底なしの腐敗」があった。

「小悦悦事件」というのは、広東省の仏山市で2歳になる女の子（ユェユェちゃん）がワゴン車に轢《ひ》かれて命を落とした事件だ。その経緯があまりに無残で人々の道徳心の欠如を露わにしたために、中国の改革開放以来の施政に対する批判が中国全土を席巻した。

２０１１年10月13日の午後、両親がちょっと目を離した隙に路上に飛び出したユェユェちゃんはワゴン車に轢かれてしまったのだが、ワゴン車は一旦停止したものの、もう一度轢いて走り去った。この際、18人の通行人がいたにもかかわらず、誰もが「見て見ぬふり」をして助けなかった。それだけではなく、あとから来たトラックは、血まみれになっているユェユェちゃんをもう一度轢いて立ち去っていったのだ。助けたのは通りかかった19人目の廃品回収業の女性で、病院に搬送されたものの10月21日に亡くなった。

文字にするのは苦しいが、実は中国の法律では「死者」に対する損害賠償金のほうが安くて済む。生きていれば高額な治療費も払わなければならない。だから事故を起こした場合は被害者が死ぬまで何度も轢くということをするのだ。おまけに事故に遭って倒れている人を病院に運んであげた善意の第三者が、事故の被害者の家族に「お前が加害者だろう」と責められ高い慰謝料を要求されたケースもあり、誰も助けようとはしないという恐るべき社会背景がある。

この18人の「見死不救」（死を見ても救わない）という人たちの姿が監視カメラに撮られていて、その映像がネットに出回ると、世界中が義憤に燃え、特に中国国内では「中国がここまで道徳を失ったのはなぜだ？」「改革開放により金儲けに目がくらんで、道徳を失わせた！」「こんな政府は滅びろ！」……など数多くの批判が、時の胡錦濤《こきんとう》政権に向けられた。だから習近平の演説のほぼすべてに「道徳」という言葉があるのだが、この「道徳の喪失」は庶民の中にあるだけでなく、国家の骨格を成す政界と軍隊に最も激しい形ではびこっていた。

それこそが「腐敗」だ。

1976年9月9日に逝去した毛沢東の遺言により、華国鋒《かこくほう》が国家のトップに立ったが、鄧小平はそれが気に入らなくて、あらゆる陰謀を企てて華国鋒を下野させることに成功した。その経緯は拙著『習近平　父を破滅させた鄧小平への復讐』に詳述したが、鄧小平は華国鋒の後釜に自分のお気に入りの胡耀邦《こようほう》を据えている。その胡耀邦が気に入らなくなり下野させたことが1989年の天安門事件につながっている。胡耀邦の代わりに、鄧小平の一存で中共中央総書記に就任させた趙紫陽《ちょうしよう》を天安門事件発生により下野させ、次もまた鄧小平の一存で江沢民を上海から呼んで中共中央総書記と中央軍事委員会主席に就かせ、１９９３年には国家主席の座も与えるという「やりたい放題」のことを鄧小平はやりまくった。

江沢民は北京中央に地盤がないので、「金」による「世間にばれたらまずい縁故関係」あるいは「上下関係」という、なかなか切れないネットワークを全国に張り巡らせてしまったので、中国全土に腐敗が蔓延し、道徳が失われていってしまったのである。

もしここで道徳の欠如を招いた「腐敗」撲滅に取り組まなければ、中国共産党による一党支配体制は終わりを告げ、社会主義体制は中国大陸から消え去ることになっただろう。

習近平としては、父・習仲勲が築いた革命根拠地があってこそ誕生した中華人民共和国を何としても守り抜かなければ、父の仇討ちを果たすことさえできなくなる。

だからこそ、「腐敗撲滅」に斬り込んだのだ。

日本のほとんどの中国研究者は、それを「習近平の権力基盤が弱いので、政敵を倒すために腐敗撲滅を利用した」と叫ぶものだから、大手メディアもそれに合わせて「習近平の腐敗撲滅運動は権力闘争のためだ」と大合唱を始めた。

その浅はかなまでの中国分析に私は異議を唱えてきたが、少なからぬ日本メディアは、それを「中国政府を礼賛するもの」として排除した。

しかし腐敗撲滅に取り組んだ結果、中国はハイテク国家戦略を着々と進めることができるようになり宇宙開発においてもアメリカを抜き、日本などは足元にも及ばない。

軍に深く広く蔓延《はびこ》った腐敗の巣窟《そうくつ》を徹底して除去したために、軍事力のハイテク化にも成功して、今ではアメリカを抜く分野さえ出てきている。

そのことに中国が成功した背景に潜んでいるのが、実は習近平の講話の中に鏤《ちりば》められている「数千年の中華民族の伝統的な文化を重んじなければならない」という概念だ。

1948年に餓死体の上で野宿させられ、恐怖のあまり記憶喪失になった私の目には、習近平が言うところの「数千年の中華民族の伝統的な文化」の中に、毛沢東のあの冷徹な【兵不血刃】という戦略が見える。

しかし私一人が習近平の哲学の中に【兵不血刃】があると言っても、誰も信じてくれないかもしれない。そう思って必死で中国大陸のネットを検索していたら、なんと習近平の演説の中に【兵不血刃】を見い出した人がいたことを見つけたのである。

それが図表4-4に示した「共産党員網」にある記事だ。

中国のネットでは、時には「習近平」という単語を入力して検索すると、それがNGワードに分類されて、検索結果が出てこないという、信じられないようなことが起きることがある。ましてや「習近平」と「兵不血刃」という単語を入力して検索した場合に、検索結果が出てくるということは考えにくい。現在の国家のトップが描いている「真の戦略」というのは、隠しておくのが一般的だ。

図表4-4　奇跡的に発見した『求是』の論文

认真学习习近平总书记系列重要讲话 凝魂聚气的社会主义核心价值观

《求是》杂志社原总编辑 张晓林

共产党员网　纠错　打印　分享

在中央政治局第十三次集体学习时，习近平总书记指出："把培育和弘扬社会主义核心价值观作为凝魂聚气、强基固本的基础工程"，强调："核心价值观是文化软实力的灵魂、文化软实力建设的重点。""一个国家的文化软实力，从根本上说，取决于其核心价值观的生命力、凝聚力、感召力。"这一重要论述，深刻阐释了倡导和践行社会主义核心价值观，是我国在全面建成小康社会和实现中华民族伟大复兴中国梦的历史进程中，必须认真解决好的一个重大现实课题。

核心价值观是文化软实力的灵魂

一些观察入微的学者说："城头变幻大王旗"不再是刀枪舰炮的结果，"兵不血刃夺天下"正在取代传统的武力征服，这其中价值观所起的作用是一目了然的。

争，就是价值观的比量和竞争。任何一个民族和国家要[illegible]在比量和竞争中，立稳脚根、掌握主动、赢得优势、站位靠前，就必须建设核心价值观，增强其生命力、凝聚[illegible]召力。

谋求现代化的发展是当今世界的大潮流、大趋势，[illegible]一个无法回避的现象是，一些国家和地区动荡不已、内乱频发，发展停滞、四分五裂，甚至有的经济发达、实力[illegible]强的国家也难以幸免。原因固然是多方面的，但社会主流价值观的崩塌和核心价值观的颠覆所导致的思想混乱和[illegible]斗无疑是一个重要根源。一些观察入微的学者说："城头变幻大王旗"不再是刀枪舰炮的结果，"兵不血刃夺天下"正在取代传统的武力征服，这其中价值观所起的作用是一目了然的。显而易见，这样的看法不仅深刻，而且是符合实际的。为什么某些发达国家极其热衷地推行其信奉的价值观，在海量的影视、书刊、游戏和各种信息中顽固地宣扬和输出其价值观，其用心用意也是不言自明的。

ところが、ネットの規制には「揺らぎ」がある。これは統計物理学の不安定平衡理論の「揺らぎ（fluctuation）」にも通じるのだが、時として現れることがあるのだ。何としても突き止めたいと思う執念で中国大陸のネット空間を、夜を徹して検索していた時のことだった。

あった――！

何億何兆とある無限の情報の組み合わせの中で、一個だけポツンとヒットしたのである。パソコンの画面には、この一個の情報だけが載っていて、他は真っ白の空欄になっているという、摩訶《まか》不思議な光景が展開していた。

奇跡的な出会いの一瞬に出くわした思いだった。

それは２０１４年３月21日に発表された『求是』という雑誌に、この雑誌の元編集長であった張暁林《ちょうぎょうりん》という人が書いた文章だ。『求是』というのは、中共中央委員会が管轄する雑誌で、前身は１９５８年に創刊された『紅旗』という雑誌で１９８８年に『求是』と改名された。『求是』の張暁林元編集長は、前述した２０１４年２月24日に開催された「中共中央政治局第十三回集団学習」における習近平の演説に関して分析し、そこには【兵不血刃】の哲学があると見抜いているのである。

図表４-４で描いた四角の中にクローズアップした文字に書かれているのは以下の内容である。

非常に細かいところまで注意深く分析している一部の学者は、「都市を占領し制覇する」

のは今や武力によってではなく、「兵不血刃によって天下を取る」という手法に取って代わっていると言っている。これは（習近平が提起するところの）**核心的価値観**がもたらした結果であることは一目瞭然だ。

これは、習近平が提唱する「**核心的価値観**」の中に、荀子の**【兵不血刃】**を内包していることを意味している。

私は習近平治政10年間を通して、ようやく習近平の戦略の軸は**【兵不血刃】**にあると見えてきたのだが、張暁林氏は2014年3月の時点でそれを見抜いていたというのだから、脱帽だ。あるいは穿《うが》った見方をすれば、『求是』は中共中央管轄下の雑誌なので、党中央では習近平の戦略の軸は**【兵不血刃】**にありと見定めており、習近平もそれを認めていたが、外部に公開するのは控えるような動きがあったのかもしれない。そうでなかったら現在の『求是』編集委員会、すなわち中共中央が掲載を認めたはずがないからだ。

七、アメリカの「空白地帯」アフガンを抱き寄せる習近平
――核心的価値観をグローバルサウスに染みこませ

問題はここからだ。

「核心的価値観」などと言われても、一般に何のことだか分からない。

しかし習近平政権では、前述の『求是』に掲載されている解釈にあるように、「核心的価値観」とは荀子の【兵不血刃】の哲理がもたらしたものだと位置付けている。そこから出て来るのは習近平の外交スローガンである「人類運命共同体」であり、これが柱となって「多極化世界秩序」構築につながっていく。すなわち標識化すれば以下のようになる。

荀子の哲理【兵不血刃】⬇核心的価値観⬇人類運命共同体⬇多極化世界秩序

これが、以下の論理を導き出している。

どのような国にもその国の伝統があり、その国の国情があるので、相手国の国情を尊重し、相手国の政府転覆などをもくろんではならない。すべて平和的に問題を解決しなければならない。多極化された世界においては、どの国も平等に「運命共同体」としての「自国の利益」を追求し、利益が共有できる範囲での共同体を形成することが「多極化世界新秩序」である。

すなわち、

多極化世界新秩序には一極化覇権国のような盟主は存在しない

というのが「多極化の哲理」だということになる。結果、どうなるかはわからないにせよ、だからこそ今のところは多くの国がそこに吸い寄せられていく状況を招いている。

一方、2015年10月に開催された第18回党大会・五中全会で、習近平は初めて鄧小平の言葉を引用して「中国式現代化」に関して語り、その後2020年7月1日の中国共産党建党百周年記念や2022年10月の第20回党大会などで頻繁に使うようになった。それによれば「中国式現代化」として、

1、巨大な人口規模／2、共同富裕／3、物質文明と精神文明が協調する／4、自然と調和／5、和平発展

等が列挙され、これも荀子の哲理から演繹《えんえき》される。この中の「2. 共同富裕」は鄧小平が「先富論」を唱えた時に、「先富、帯動后富（先に富める者から富み、富んだ者が残りの人たちを豊かにしろ）」と言ったことから来ており、習近平が「共同富裕」を唱えているのは、あまりに貧富の格差を生んでしまった改革開放を改善し完成させようという目的から出てきた政策である。

日本の少なからぬメディアは、その昔毛沢東も言ったことがあるとして、習近平が唱える「共同富裕」を「毛沢東返り（＝祖先返り）」などと、とんでもない見当違いの解説をすること

が多い。もう呆れかえって訂正する気力さえ失せるほどだ。

私がかつて客員教授として研究をしていた中国政府のシンクタンク中国社会科学院管轄下に『中国社会科学』という雑誌があるが、その2021年の第一期号に「中国式現代化の社会学的表現」という論文が載っている。そこに奇《く》しくも荀子のことが書いてあり、そこには、

荀子に端を発する「中国古典社会学」すなわち「群学」と呼ばれていたものは、中国式現代化の表現に非常に即していると言うことができる。


とある。どこから斬り込んでいっても、深く探索すれば、必ずそこには「荀子の哲理」が姿を現し、しかもそれが「中国式現代化➡核心的価値観➡人類運命共同体」へとつながり、これこそが本書の冒頭から述べている「世界多極化」論へと発展するのである。

その実践は、今ではアメリカの「空白地帯」となっているアフガニスタンにおいて、遺憾なく発揮されている。

2001年9月11日に起きた同時多発テロ事件（9・11事件）を受けて、アメリカは同年10月7日からアフガニスタンに対する空爆を開始し、アフガニスタン戦争が始まった。その後20年に及ぶアメリカの占領が続き、アメリカの傀儡《かいらい》政権であるアフガニスタン政府が統治したが、

2021年4月、バイデン大統領は、「2021年9月11日までに駐留米軍を完全撤退させる」と発表した。先に発表しておきながらアフガニスタン政府へのバトンタッチをスムーズにやらなかったため、何とも悲惨な米軍撤退が始まり、8月17日にはタリバンがアフガニスタン政府に平和的降伏を求め、勝利宣言をしてしまった。

こうして8月31日、アメリカ軍はアフガニスタンから完全に撤退した。

ここまでは記憶に新しいものと思う。

そのあとアフガニスタンがどうなったのかに関して、日本のメディアの関心は薄い。しかしタリバン政府誕生の裏で、中国がどのように動いていたかを時々刻々追いかけていた者としては、その後の情勢からも目を離すわけにはいかない。

米軍は引き揚げ、アフガニスタンは元通りタリバンの手に戻ったが、アフガニスタン中央銀行の保有資産の多くは欧米の銀行、特にアメリカによって資産凍結されただけでなく、アメリカによるタリバンに対する厳しい経済制裁が加わり、アフガニスタンの貧困度は97%に達するという極端な状況にある。

そこで中国がどのような手に出ているかを、図表4-5で分類した「枠組み」に沿ってご説明したい。ただし図表4-5に列挙したのは、現在もまだ存在する枠組みだ。

枠組み1

まず、アメリカ軍が去ったあとの中国の行動を示した**枠組み1**からご説明する。

中国は2021年9月8日から、パキスタン政府主催の形を取って、第1回目のアフガニスタン周辺国外相会議を開催し、アフガニスタンの経済支援と復興を目指すべく協議した。参加国は**枠組み1**の「5」に書いた通りだ。2回目は「7」にある通りロシアが入ってくる。この理由は後述する。以下、「9」、「12」と続く。

枠組み2

2021年9月15日と16日に、タジキスタンの首都ドゥシャンベで上海協力機構の首脳会議が開催され、それまでオブザーバー国として参加していたイランの正式加盟が承認された。この時、同時に「中国、ロシア、パキスタン、イラン」の4ヵ国外相が集まってアフガニスタン問題に関して話し合った。これが枠組み2の始まりである。**枠組み1**の「5」にはロシアが入っていないのに、**枠組み1**の「7」からロシアが入るようになった理由の一つはここにあるが、もっと大きな流れが存在していたので、それは後述する。

2023年4月13日には第二回の会議が開催された。

図表4-5 アフガン問題を検討するための中国を中心とした枠組み

		枠組み1	枠組み2	枠組み3	枠組み4
番号	日付	**アフガン周辺国外相会議**	**中・露・パ・イ4ヶ国アフガン問題非正式会議**	**周辺国+アフガン外相会議**	**中・パ・ア外相対話**
1	2017年12月26日				**中国**、パキスタン、アフガン
2	2018年12月15日				**中国**、パキスタン、アフガン
3	2019年9月7日				**中国**、パキスタン、アフガン
4	2021年6月3日				**中国**、パキスタン、アフガン
5	2021年9月8日	**中国**、イラン、パキスタン、タジキスタン、ウズベキスタン、トルクメニスタン			
6	2021年9月15、16日		**中国**、ロシア、パキスタン、イラン		
7	2021年10月27日	**中国**、イラン、パキスタン、タジキスタン、ウズベキスタン、トルクメニスタン、ロシア			
8	2022年3月30日				**中国**、パキスタン、アフガン暫定政権
9	2022年3月31日	**中国**、イラン、パキスタン、タジキスタン、ウズベキスタン、トルクメニスタン、ロシア		**中国**、イラン、パキスタン、タジキスタン、ウズベキスタン、トルクメニスタン、ロシア、アフガン暫定政権、カタール、インドネシア	
10	2023年2月24日	「ウクライナ危機に関する中国の立場」を発表			
11	2023年4月12日	「アフガン問題に関する中国の立場」を発表			
12	2023年4月13日	**中国**、イラン、パキスタン、タジキスタン、ウズベキスタン、トルクメニスタン、ロシア	**中国**、ロシア、パキスタン、イラン		
13	2023年5月6日				**中国**、パキスタン、アフガン暫定政権

アメリカ国防総省統計を基に筆者作成

枠組み3

これは中国が取り仕切って開催した「アフガニスタン周辺国とアフガニスタン暫定政府との間の外相会議」で、当時の中国の外相・王毅が主催した。**枠組み1**の「9」にある第三回アフガン周辺国外相会議が行われた後に、**枠組み1**メンバー国以外に「アフガン、カタール、インドネシア」を加えた全10ヵ国で開催している。

注目すべきは、これだけの準備をした上で、中国は2023年4月12日に**「アフガン問題に関する中国の立場」**という声明を発表しているということだ。

これは同年2月24日に発表され、世界的に強い関心を集めた**「ウクライナ危機に関する中国の立場」**と対を成し、中国の西アジアを中心としたユーラシア大陸における**「和平案」**あるい**は「支援案」**とも位置付けられるものであり、**「アメリカが紛争を起こし、その「後始末」を中国がする」**という形になっている。

枠組み4

この枠組みを最後に持ってきたのは、ここにこそ毛沢東以来の「荀子の哲理」である**【兵不血刃】**がストレートに発揮されているからだ。なぜ米軍撤退の前にタリバンがアメリカの傀儡政権であるアフガニスタン政府を打倒させることができたかに関しては、バイデンが先に米軍撤退を宣言してアフガニスタン政府へのバトンタッチを疎《おろそ》かにしたからだと書いたが、実はそれ以上に大きなものが背後ではうごめいていた。

端的に結論を言えば、毛沢東が長春食糧封鎖「チャーズ」に関して「農村を以て都市を包囲せよ」と指示した戦略を、タリバン部隊にこっそり伝授していたからなのである。

ここに長い物語があるので戦術的な詳細は省き、何が動いていたかという大枠の経緯だけを書くに留める。

アメリカがアフガン占領を始めたのち紆余曲折《うよきょくせつ》を経ながら、２０１６年１月には、ようやく「アフガニスタン政府とタリバンの和平に向けたロードマップの確立」を目指して、「アフガニスタン、パキスタン、アメリカ、中国」が一堂に会した４ヵ国会談がパキスタン主催で実現していた。アメリカのアフガン侵攻前まではアフガニスタンの政権を握っていたタリバン側は、アメリカの傀儡政権であるアフガニスタン政府とは話したくないとして出席していない。

ところが平和交渉の最中の２０１６年５月21日、まだオバマ政権下にあったアメリカ軍は、アフガニスタンとパキスタンの国境地帯で、当時のタリバンの最高指導者だったマンスール師をドローン（無人機）攻撃によって殺害した。これによりタリバンを和平交渉のテーブルに着かせるという考えを、アメリカは捨てたのに等しい（この前後の詳細は中国問題グローバル研究所のウェブサイトに２０２１年９月６日付けで掲載した「タリバン勝利の裏に習近平のシナリオ――分岐点は２０１６年」という論考に書いた。そのＵＲＬは https://grici.or.jp/2521 なので、興味のある方はご覧いただきたい）。

最高指導者マンスールをアメリカに殺害されたタリバンの代表団は、2016年7月18日から22日にかけて訪中し、中国に「アフガニスタンはアメリカ軍やNATO軍などの外国の軍隊により占領され、その侵略軍によって残虐行為を受けている。われわれが侵略軍から自由になれるように助けてほしい」と支援を求めた。

これ以降、習近平は一歩進んでタリバンのほうに軸足を傾けていった。しかし一つの交換条件を出した。新疆ウイグル自治区で頻繁に起きているテロの背後の一つにはタリバンがいるとして、タリバンとの間で「反テロ」を条件に「経済支援」を交わしたのだ。現象的に見れば、これ以降、ウイグル自治区でのテロはピタリと止まっている。

「経済支援」の一つがタリバンの管轄下にある銅山における中国の権益を認めることだった。これは2021年8月20日のコラム〈「金鉱の上に横たわる貧者」―アフガンに眠る地下資源と中国〉で詳述している。URLは https://grici.or.jp/2495 なので、詳細をご覧になりたい方は、そのリンク先にアクセスしていただきたい。

一方、パキスタンに関しては習近平が「一帯一路」を通して「パキスタン回廊」まで創り上げて沸き立ったのは周知の事実だ。2015年年4月には習近平がパキスタンを訪問して「一帯一路」の強化を約束し、その流れの中でパキスタンが主催する形で2016年1月に、前述した「アフガニスタン、パキスタン、アメリカ、中国」による4ヵ国和平会談が誕生した。ウイグル問題がある習近平は、東トルキスタン・イスラム運動を刺激するのを避けるため、自分自身は表に出ず、タリバンが多いパキスタンを動かしたのだ。その背後にある秘かな狙いは、「一帯一路」のパキスタン回廊をアフガニスタンにつなげ、「一帯一路」を中断しているアフガニスタンを取り込むことだった。

ところがアメリカを含めた4ヵ国和平会談はアメリカによるマンスール暗殺で頓挫してしまった。アメリカが出席しなくなったのだ。

アメリカが抜け、中国は前面に出たくないという状況下で、この和平会談を束ねるのはロシアしかいない。**そこで習近平はプーチンに前面に出ることを水面下で頼んだのである。**こうしてでき上がったのが図表4-6に示した、ロシアが主導した「モスクワ和平協議」だ。アフガニスタンに隣接している国々は上海協力機構のメンバー国が多いので、おのずと周りにいるのは上海協力機構ということになる。

2019年4月を最後に、この**枠組み5**が立ち消えになったのは、一つには、マンスール殺害により「4ヵ国和平会談」から抜けたトランプ政権が、単独にタリバンを相手にして別途協議しようとしていた別枠組みが短期間存在していたのだが、2019年8月にタリバン最高指導者の弟が何者かによって爆殺され、局面が混乱したという理由が考えられる。

しかし、もっと大きな理由は習近平の戦略が秘かにうごめいていたという側面だ。

図表4-5にある**枠組み4**にある「中国・パキスタン・アフガニスタン」外相対話という枠組みを**枠組み4**の「1」にあるように2017年12月26日に設立したが、このアフガニス

図表4-6 ロシアと上海協力機構が主導したアフガン和平会議 枠組み5

番号	日付	事項	参加国
1	2016年12月27日	ロシア主導のアフガニスタン和平協議、モスクワで開催（モスクワ和平協議）。	ロシア、中国、パキスタン
2	2017年2月15日	第2回モスクワ和平協議。	ロシア、中国、パキスタン、インド、イラン、アフガン
3	2017年4月14日	第3回モスクワ和平協議、アメリカを招待したがアメリカが欠席。	ロシア、中国、パキスタン、インド、イラン、アフガン、カザフスタン、ウズベキスタン、タジキスタン、キルギスタン、トルクメニスタン
4	2017年6月8-9日	カザフスタンのアスタナで開催された第17回上海協力機構首脳会合でアフガニスタン問題の協議再開に合意。この会合でパキスタンとインドが上海協力機構の正式メンバーになった。	ロシア、中国、カザフスタン、ウズベキスタン、タジキスタン、キルギスタン、パキスタン、インド、イラン、アフガン、ベラルーシ、モンゴル
5	2017年10月10-11日	ロシア外務省主催の上海協力機構のアフガニスタン和平に関する国際会合をモスクワで開催（上海協力機構・アフガン連絡組副外相級会議）。	ロシア、中国、カザフスタン、ウズベキスタン、タジキスタン、キルギスタン、パキスタン、インド、アフガン
6	2018年5月28日	第2回上海協力機構・アフガン連絡組副外相級会議、北京で開催。	ロシア、中国、カザフスタン、ウズベキスタン、タジキスタン、キルギスタン、パキスタン、インド、アフガン
7	2019年4月18-19日	第3回上海協力機構・アフガン連絡組副外相級会議、キルギスタンで開催。	ロシア、中国、カザフスタン、ウズベキスタン、タジキスタン、キルギスタン、パキスタン、インド、アフガン

タンは「アメリカの傀儡政権であるアフガニスタン政府」だった。

一方、前述したように、2016年1月に誕生した「アフガニスタン、パキスタン、アメリカ、中国」による4ヵ国和平会談は、あくまでも習近平が「パキスタンとアフガニスタンをつなげて一帯一路を完成したい」という思惑が潜んでいる。「パキスタン回廊」の成功を西へ広げたいが、何と言っても「アメリカの傀儡政権アフガニスタン」が途中にいて邪魔をしていた。このアフガニスタンさえ「習近平の手の中に入れれば一帯一路は完成する」。

そこで、それまではアフガニスタン傀儡政権とも接触しながら、マンスール殺害事件以降、タリバンともしっかり結びついた習近平政権は、荀子哲理【兵不血刃】の戦略をここで発揮させるのである。トランプは政権末期には、すでにアフガンからの米軍撤退を宣言していたので、アメリカの傀儡政権である既存のアフガニスタン政府を倒すために習近平はタリバン軍に「**農村に根拠地を置け！**」と教授するのである。

2021年4月にバイデンが9月11日までに米軍は撤退すると宣言すると、それまで農村を中心に力を蓄えていたタリバン軍は、一気に既存のアフガニスタン政府を降参に追いやり勝利を収めた。2016年から習近平が着々と描いてきたシナリオだった。

ぶざまな米軍撤退により、全世界、特にNATOに対して威信を失墜したバイデンは、何としてもNATOをリードしていける枠組みを強化するため、ウクライナ戦争をけしかけた。「NATOなど要らない！」と豪語したトランプは今、「私なら絶対にウクライナ戦争を起こさせなかった」としてバイデンを非難している。

アメリカが中国打倒に集中するために放棄したアフガン地域は、アメリカがＮＡＴＯの信頼を失ってしまったために、それを取り戻そうとしてけしかけた新たな戦争であるウクライナ戦争に集中するあまり、アフガンはアメリカの力の及ばない「空白地帯」になってしまったのだ。その「空白地帯」を習近平が着々と抱き込もうとしている。これが、習近平が構築しようとしている「米一極から多極化への地殻変動」を駆動する力の一つになっているのである。

ウクライナ戦争を起こさせたことが、結局は中国に有利に働いているように、アフガンでもウクライナでも中国の弱体化には成功しなかったアメリカは、今度こそはとばかりに、その矛先を台湾そのものに向けている。第六章でＣＩＡの動きをつぶさに追う前に、第五章で台湾の現状を考察しよう。

第五章

台湾問題の真相と台湾民意

一、「一つの中国」原則はアメリカが進め、経済大国中国は日本が創った

アメリカが最近になって盛んに「中国が台湾を武力攻撃する」と想定して、「力による一方的な現状変更を許さない」と叫び始め、日本や一部の欧州諸国も、アメリカという指揮者に合わせるかのごとく、一斉に「力による一方的現状変更は許さな――い！」と大合唱をするようになった。

しかし、そもそも「一つの中国」を積極的に認め、「中華民国」台湾と率先して国交を断絶したのはアメリカだ。

1971年7月9日、当時のアメリカのリチャード・ニクソン大統領（共和党）は、国家安全保障担当大統領補佐官（のちに国務長官）を務めていたヘンリー・キッシンジャーを、誰にも見つからないような形で極秘裏に訪中させた（忍者外交）。キッシンジャーは当時の中国の国務院総理であった周恩来と会談し、米中国交樹立の用意があることを告げた。

その際、中国側としては「一つの中国」原則を断固として要求した。

すなわち、「中国」という国家には「中華人民共和国（＝共産中国）」しか存在せず、「中国という国家を代表するのは中華人民共和国のみである」という大原則で、もし「中華人民共和国」と国交を樹立したければ、その絶対的な前提条件として、「中華民国」台湾とは国交を断

絶しなければならないことが強く要求された。

これらを水面下で了承した上で、1971年7月15日にニクソンは「1972年2月に中国を訪問する」と発表し世界を驚かせた。

だからこそ1971年10月25日、第26回国連総会で中華人民共和国（中国）が「中国を代表する唯一の合法的な国家」として国連に加盟することができたのである（第2758号決議）。同時に「中華民国」台湾は国連脱退へと追い込まれたのだった。

こうして約束通り1972年2月21日にニクソンは中国を国賓として訪問し、毛沢東と会見したあと、「米中関係の正常化に向けて努力する」という上海コミュニケを発表したのである。

あわてたのは日本だ。

田中角栄内閣になると、電光石火の勢いで訪中を決定し、「一つの中国」を喜んで認め、1972年9月29日に日中国交正常化共同声明を発表した。もちろん同時に「中華民国」台湾と国交を断絶して、日華平和条約を破棄したのである。

アメリカが実際に米中国交を正常化したのは1979年1月1日で、もちろんアメリカも同時に「中華民国」台湾との国交を断絶している。

ただ、アメリカの場合は1979年4月10日に国内法として「台湾関係法」を制定したのが特徴として挙げられる。そのため、1980年に米華（台）相互防衛条約を破棄したものの、台湾の防衛に必要な武器を有償で提供し続けている。

その上でアメリカ政府と議会は、中国の「台湾は中国の一部であり台湾問題は内政問題だ」という主張に対し、「台湾問題は平和的に解決しなければならない」と警告する立場を取った。

それにしても問題は、そもそもニクソンがキッシンジャーに忍者外交を命じたのは、背景に泥沼化したベトナム戦争から抜け出したいという願望もあっただろうが、それを含めて、最大の目的は「次期大統領選に勝つため」だったことだ。だからこそ政敵の民主党に絶対に知られないようにニクソンの他の側近にさえ知らせないという「極秘ぶり」だったのである。

その証拠にニクソンが訪中した4ヵ月後の1972年6月17日に、アメリカの首都ワシントンのウォーターゲート・ビルにある民主党全国委員会本部に盗聴装置が仕掛けられようとした。このことに端を発し、ニクソンの大統領辞任にまで発展した「ウォーターゲート事件」が起きている。

最近のアメリカ政府による「中国が力による一方的な現状変更をしようとしている」という対中批難も、実は2024年の米大統領選と深く関係している。

中国が経済的にも軍事的にもアメリカを凌駕《りょうが》するようなことがあったら、アメリカ国民は許せない。したがって大統領になろうと思う者は、どれくらい自分が対中的に強硬であるかを選挙民に見せなければならない。次期大統領に当選するために、対中強硬競争を展開しているのだ。

アメリカ脳化してしまった日本人にはそれが見えないだろうが、たかだか一国の大統領が再選するために世界を巻き込んで無責任に世界秩序を身勝手に変えているのがアメリカだ。大統領再選のための駒として日本が巻き込まれ日本人の命を奪われるかもしれない方向に動いていることを日本は見ようとしない。これに関しては次章および終章で詳述する。

ではなぜ中国経済がここまで成長し、それに伴って軍事力がここまで巨大化したかと言えば、その最大の犯人は日本なのである。

1989年6月4日に天安門事件が起き、民主を叫ぶ若者に発砲せよと、鄧小平は命じた。それにより中国人民解放軍が天安門広場に戦車で乗り込み多数の犠牲者を出した。その生々しい残酷な映像が世界に流れると、アメリカをはじめとした西側先進諸国（G7）が対中経済封鎖に踏み切った。

ところがなんと、日本の内閣は「中国を孤立させてはならない」として、この経済制裁を解除してしまったのだ。おまけに1992年10月には天皇陛下訪中という前代未聞のことまで実現させて中国を崇《あが》めた！

その背景には、鄧小平を改革開放の父として神格化してしまった日本の愚かさがある。鄧小平神格化が、どれほど罪深いことだったかは、拙著『習近平　父を破滅させた鄧小平への復讐』でくり返し強調した。もう一つには終章で述べるように、日本人の精神構造の中に、日本敗戦後GHQによって植え付けられた贖罪《しょくざい》意識が深く沁《し》み込んでいるからだ。

あの時ベルリンの壁が崩壊し、共産主義陣営の最大の星として輝いていた、あのソ連（ソビエト連邦）さえ消え去ってしまったのだ。中国共産党による一党支配体制を終わらせ、中国を民主主義国家に持っていくことができた、唯一にして最大のチャンスだった。それを日本は自らの手でもぎ取ってしまったのである。

日本は共産中国にとっては「救世主」のような存在だった。

その救世主・日本が差し伸べた温かい手で、中国にどれほどの奇跡的な成長を遂げさせたかを視覚的にご覧に入れよう。

図表5-1をご覧いただきたい。

まるで物理学で言う「特異点」のよ

図表5-1　対中投資企業数と外資実行額の変遷（1982-2020）

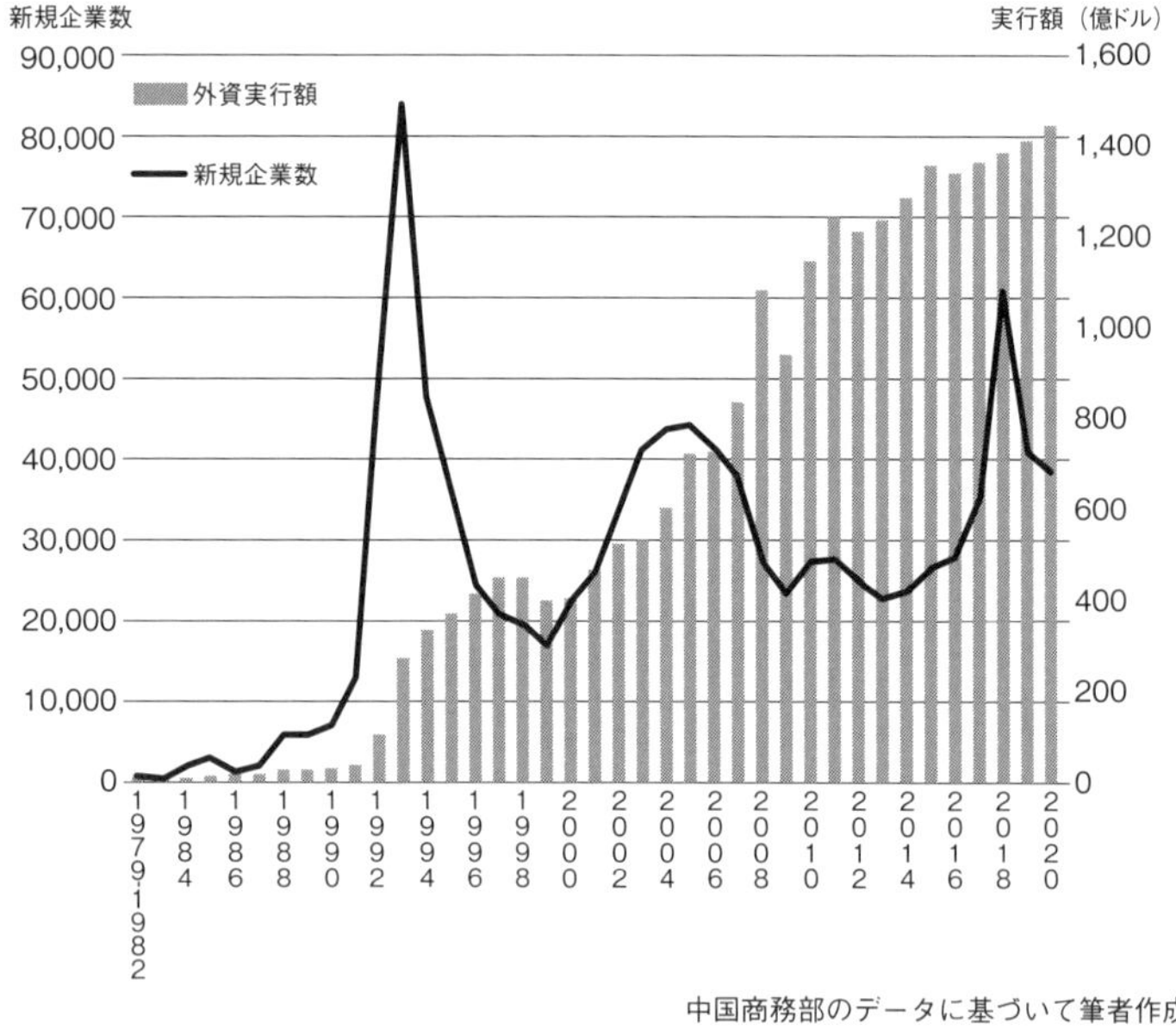

中国商務部のデータに基づいて筆者作成

うに、1992年辺りに新規企業数のピークがある。

アメリカをはじめとした西側諸国も、日本が封鎖解除して中国の市場から利益を得ようとするのなら、わが国も中国に投資して利益を得なければ損だとばかりに、つぎつぎに中国の市場めがけて殺到したのだ。そして中国経済は一気に成長した。

中国の対外経済貿易部の統計によると、2001年の日本の対中投資実績は43・5億ドルで、1992年の7・1億ドルの6・1倍に達し、年平均成長率は22・3%であったという。同時期の対中外国投資の年平均成長率よりも4・8%も高い。段階的に見ると、**1992年から1996年までの日本の対中投資の年平均成長率は50・9%に達し、これはすべての対外投資よりも11・4%も高かった**。

1997年から2001年までの日本の投資率は急激に落ち、他のすべての外資よりも0・28%も低くなったとある。バブル崩壊もあるが、その最大の原因は、アメリカによって日本の半導体が沈没してしまったからだ。

1997年はアジア通貨危機があったので、全体的に対中投資は落ちているが、日本の経済は低迷期に入り、2010年にはついにGDPにおいて中国に抜かれてしまった。

図表5-1の2004年に緩やかな山があるが、これは2002年12月に中国がWTO（世界貿易機関）に加盟したためだろう。2018年にも、それなりに鋭いピークがあるのは、2017年4月1日に習近平が7つの自由貿易試験区を作ったことが原因の一つとして考えられ

る。

中国で、特定の区切られた区域に「試験区」を作り、そこで成功したら全国に広げていくという発想は、習近平の父・習仲勲が考え出したアイディアだ。毛沢東が延安にたどり着く1935年以前、習仲勲は西北革命根拠地で「ソビエト特区」を建設していた。その「特区構想」を深圳に活用して、「深圳経済特区」を構築したのだ。この「経済特区」構想はいま中国の至るところで活用されているが、中国の真相を知らない中国研究者やメディアは、これを「鄧小平のアイディア」と勘違いしている。いまだに鄧小平神格化の視点から目覚めていない。そういう人たちには是非とも『習近平　父を破滅させた鄧小平への復讐』をお目通しいただいて中国の真相を直視し、そこから習近平の戦略を読み解く目を養ってほしいと願っている。

このような紆余曲折を経て、対中投資を続ける国はあとを絶たないが、「中国外資統計公報2022」に載っている最近のデータを見てみると、2021年投資金額ベースで上位六位は以下のようになっている。

一位：香港　1317・6億ドル／二位：シンガポール　103・3億ドル／三位：イギリス領バージン諸島　52・8億ドル／四位：韓国　40・4億ドル／五位：日本　39・1億ドル／六位：米国　24・7億ドル

日本はそれでも五位に留まっているのだから、どんなにアメリカに追随して対中包囲網を形成しようとしても、これではチグハグで実態を伴っていない。

以上考察したように、「一つの中国」原則という国際秩序を創らせたのはアメリカで、経済強国・軍事大国の中国を創り出したのは日本なのである。

そうしておきながら、今になって中国の経済・軍事の強さを脅威と感じて、自ら「台湾有事」を招いて中国の力を削ごうとしているのがアメリカであり、それに追随するのが日本だ。台湾有事によって命を失うのは台湾人だけでなく日本人であることも考えずに、ひたすらアメリカの「台湾有事」に「唱和」している。

もし中国を弱体化させるために「一つの中国」原則を崩したいのなら、1971年に自ら積極的にそれを成立させた国連で勝負すべきで、「アメリカが大好きな戦争」を招く方向の「小《こ》狡《ず》い《る》」動きに乗り、日本を戦争に導くべきではない。

二、中国は台湾平和統一しか目指していない

一方、肝心の中国は「和統」という言葉があるくらい、台湾に関して「平和統一」しか考えていない。特に習近平政権になってからは【兵不血刃】を軸とした戦略に基づいて、何としても平和裏に台湾を統一したいと思っている。しかし中国の経済規模が大きくなり、それにつれて軍事力も強大化してくるにつれて、アメリカの対中強硬策が強まり、台湾に対する武器売却

や民主化運動への支援が高まってきている。

それはつまり中国が台湾を「平和統一」するのを、何としても阻止しようとする動きとして表れていることにつながる。

中国から見れば、アメリカは中国による台湾平和統一を阻止するだけでなく、むしろ積極的に中国が武力攻撃するしかない方向に追い込まれている心境だろう。武力攻撃へと持っていくことによって中国を潰そうと目論んでいるとしか解釈できないと、中国は怒りに燃えているのである。

怒りに燃えて武力攻撃してくれれば、アメリカは「しめた！」と大喜びするだろうが、中国はその手に乗らないようにするために【兵不血刃】に徹すべく、ギリギリのところに立たされているのが現状だと言っていいだろう。

なぜなら中国にとって武力統一には、いかなるメリットもないからだ。

その理由を明示しよう。

第一の理由。

もし武力攻撃などによって統一したら、統一後の「台湾地区」に強烈な反共反中分子を生み、その人たちには軍事力もあるので、いつなんどきクーデターなどを起こして、中国共産党による一党支配体制を崩壊させないとも限らない。

ロシアのウクライナ侵略と違い、台湾は何と言っても国連が「一つの中国」原則を承認したために、中華人民共和国憲法の前文には次の二つの文章がある。

●台湾は中華人民共和国の神聖な領土の一部だ。

●祖国統一という大業を成し遂げることは、台湾同胞を含む中国人民全体の神聖な職責である。

このように中国は「台湾問題の解決は中国自身の問題であり、いかなる外国にも干渉する権利はない」と位置付けている。したがってアメリカによる干渉さえなければ、武力攻撃する必要は皆無なのだ。

それならなぜ２００５年に、「もし台湾が国家として独立を宣言しようとすればそれを国家分裂罪とみなして台湾を武力攻撃する」という「反国家分裂法」を制定したのか。これは、アメリカが「台湾関係法」に基づき１９８５年から台湾の民主化を支援し、李登輝《りとうき》政権を誕生させ、それがさらにエスカレートして陳水扁《ちんすいへん》政権が台湾独立を主張し始めたからだ。

もう一つは、第六章で詳述するが、２００３年には全米民主主義基金（ＮＥＤ）のカウンターパートである台湾民主基金会が台湾で設立されていたので、ＮＥＤが台湾の独立を煽ろうと、少なくとも２００３年以前から台湾入りして台湾で活躍していたことが分かる。だから、「反国家分裂法」を制定したのである。

台湾が国家として独立を主張する方向に動かなければ「反国家分裂法」を発動することもないし、武力攻撃をすることもない。

武力攻撃をしない第二の理由は単純だ。

現在の中国の軍事力ではアメリカ軍に勝てないからだ。

これはもう文句なしの束縛条件で、負け戦《いくさ》に挑むような中国ではない。敗戦などしたら、中国共産党による一党支配体制は瞬時にして崩壊するだろうし、敗戦すまいとして核を使うことも辞さないだろう。これは中華民族の繁栄を瓦解《がかい》し、人類の滅亡をも意味する。

武力攻撃をしない三番目の理由は半導体である。

台湾には中国が喉《のど》から手が出るほど欲しい半導体産業があるので、それをそのままいただきたいと思っているため、武力攻撃などするつもりはない。特に台湾には半導体受託生産の世界最大手、台湾積体電路製造（TSMC）があり、万一にも中国が台湾を武力攻撃した際に半導体産業が破壊されたら、統一後に中国が非常に大きな損をする。そのため『習近平三期目の狙いと新チャイナ・セブン』の【第七章　習近平外交とロシア・リスク】に書いたように、2022年11月18日、APECに台湾代表として参加していたTSMCの創設者・張忠謀（モリス・チャン）のもとに、習近平はわざわざ自ら足を運んで会いに行った。二人は互いを褒め合い友好的に会話したが、インドネシアで開催されたG20と、タイで開催されたAPECすべてを通して習近平が自ら会いに行ったのは、TSMCのモリス・チャン一人である。それくらい習近平はTSMCを重要視している。

したがって台湾が独立を叫ばない限り、武力攻撃は絶対にしないのである。

それならなぜ、あのように激しい軍事演習を台湾周辺でやるかと言ったら、それは後述するように、アメリカの政府高官などが台湾を訪問して、台湾の民主化と、結果的には「独立」を促す行為をくり返すからである。

親中の国民党政権である馬英九政権（2008年5月～2016年5月）の時には、中国は台湾周辺での軍事演習や威嚇的軍事行動は一度も行なっていない。それどころか2015年11月には、習近平と馬英九はシンガポールで会談したくらいだ。これは毛沢東と蔣介石が1945年10月に重慶で会って以来の70年ぶりの国共党首による会談であった。

習近平が馬英九と友好的にしていられるのは、馬英九が「九二コンセンサス」（1992年に約束された「一つの中国」共通認識）を遵守し礼賛しているからだ。「九二コンセンサス」においては「一つの中国」さえ守ればいい。中台各自が、頭の中で「一つの中国」を「中華人民共和国」と解釈しようが「中華民国」と解釈しようが、それは自由という、何とも東洋的妥協案である。要するに「独立」を叫ばなければ、当面はそれでいいのだ。

三、台湾領有権の変遷に関する中国の言い分

では、中国は台湾の領有権の変遷をどのように位置づけているのかを、2022年8月10日

に中国政府が発布した「台湾問題と新時代の中国統一事業」という「台湾白書」から見てみよう。

そこには「台湾は古代から中国に属しており」という書き出しがあり、西暦230年、三国時代に著された『臨海水土志』という本に最も古い記録があると書いてある。続いて隋王朝（581～618年）政府は、当時「流求」と呼ばれていた台湾に3回、軍隊を派遣したという。宋・元時代以降、中国の歴代中央政府は澎湖《ほうこ》と台湾の統治を開始し行政管轄を実施した。

1624年にオランダの入植者が台湾南部を占領したものの、1662年には民族の英雄・鄭成功《ていせいこう》がオランダの入植者を追放し、台湾を奪還することに成功した。清朝政府は徐々に台湾に行政機構を拡大し、1684年に福建省の管轄下における台湾府を設立した。1885年に台湾を行省《こうしょう》（地方統治機関である行中書省）に改称し、当時20番目の行省とした。

1894年7月、日本が日清戦争を発動し、翌年4月、敗北した清政府に台湾と澎湖諸島を割譲させた。1945年9月、日本が降伏条項に調印。

「台湾白書」には、同年10月25日、「中国政府は台湾に対する主権の行使を復活すると発表し、かつ台北で中国戦区台湾省の降伏式典を挙行した。このように、国際的な法的効力を持つ一連の文書を通して、中国は法律的にも事実上台湾を取り戻した」とある。ここにある「中国政府」とは「中華民国」政府のことであって、決して現在の中国共産党が統治する大陸の「中国（中華人民共和国）」（＝共産中国）のことではないが、1971年10月25日の第26回国連総会は

第２７５８号を決議し、「中国」を代表する国は「中華人民共和国」でしかないと国連が認めたのだから、領有権は現在の共産中国に渡ったと中国は位置付けている。

本来、１９４９年10月１日に中華人民共和国が誕生した時に、一気に台湾まで解放したかったのだろうが、共産党軍には空海軍力がなかったので、台湾に逃亡した蔣介石が率いる国民党軍の残党を消滅させることはできなかった。そこで旧ソ連のスターリンに頼んで空海軍の力を貸してほしいと頼んだところ、スターリンが快諾したので、台湾だけを未解放のまま中華人民共和国の誕生を宣言してしまったのである。

ところが１９５０年に入ると、北朝鮮の金日成《キムイルソン》主席がモスクワに飛び、「今ならアメリカがアチソン・ライン以西には手出しをしないと言っているので、今の内に南朝鮮を統一したい」と申し出、スターリンは朝鮮半島を先に解決することに賛同した。なぜなら台湾はソ連と遠く、朝鮮半島はソ連に近くてウラジオストックなどもあるので、不凍港を求めるためにソ連に有利とスターリンが判断したからだ。

第二次世界大戦中、アメリカ（ルーズベルト大統領）は国民党軍を応援していたが、１９５０年１月５日になるとアメリカ（トルーマン大統領）は「中国人民解放軍（共産党軍）が国民党軍を追撃しても台湾に介入しない」とする声明を発表して、台湾に逃げた蔣介石・国民党軍を見捨てていた。同年１月12日、アメリカのアチソン国務長官が、「アメリカが責任を持つ防衛ラインは、フィリピン―沖縄―日本―アリューシャン列島までだ。それ以外の地域は責任を持たない」と発言したのが「アチソン・ライン」である。台湾、インドシナなどとともに朝鮮半島に関しても言及がなかった。

スターリンは毛沢東には台湾解放に手を貸すと約束しながら、金日成には朝鮮半島統一を優先すると約束したのである。おまけにこの時のスターリンが狡いのは、「ソ連が前面に出ると第三次世界大戦になるので、開戦前に毛沢東に連絡を取って、いざとなったら中国が北朝鮮を支援するという言質《げんち》を先にとっておけ」と金日成に指示したことである。

かくして1950年6月25日に朝鮮戦争が起き、中国は同年10月19日に朝鮮戦争に参加せざるを得なくなり、台湾解放の機会を失ってしまった。それだけでなく、朝鮮戦争が始まると、トルーマン政権は台湾の中華民国政府への経済的および軍事的援助を再開し、共産中国による台湾への進撃を阻止するために米国第7艦隊を台湾海峡に派遣した。このような共産中国への軍事的圧力をかけたため、台湾解放は実行されないまま こんにちに至っている。

この朝鮮戦争で毛沢東は自分の息子・毛岸英を北朝鮮の戦場で失っている。息子の死を受けて、毛沢東は「一〇〇年待ってもかまわない！　絶対に台湾を解放する！」と言った。

しかし中国としては戦火を交えずに国連で「一つの中国」が承認されたので、いつかタイミングを待って「未解放の台湾地区」を「平和裏に」統一したいと思っているのである。

かつて日本が敗戦した時に日本は連合国軍総司令部（GHQ）の占領下に置かれた。1952年4月28日にサンフランシスコ講和条約が発効してアメリカによる占領が終わり日本は独立を果たしたが、沖縄だけはアメリカの施政権下に置かれたままになり、「日本本土」と切り離された。沖縄が日本国復帰を果たしたのは1972年5月のことだった。

ヨーロッパでも第二次世界大戦により東ドイツと西ドイツに分かれ、ベルリンの壁崩壊によって、ようやく東西ドイツが統一され、現在の「ドイツ」になっている。

これらは許されるのに、なぜ「中華民族」だけは一つになってはならないのか？

なぜ共産中国が国連で認められた「一つの中国」原則に従って「台湾（地区）」を「中国」として統一してはならないのか？

そこにあるのは、アメリカのエゴ以外の何ものでもない。アメリカとしては防衛（防共）ラインを確保しておきたいので、いわゆる第一列島線を守るには何としても台湾という拠点が欲しいのである。

そうであるならば、「中華民国」と国交断絶しなければ良かったではないか。

自分の大統領再選のために中国（中華人民共和国）に近づき、国連で中華民国を追い出しながら、今度は中国が強くなったので、対中強硬策をアピールしないと次の米大統領選で勝てないとばかりに姑息《こそく》な手段を取り、戦争を巻き起こそうとしている。日本としてははなはだ迷惑な話だ。国連で決議したものは、国連で覆して新たに決議しなければならないはずだ。

四、米台高官の人的交流と台湾関連の法制定

1985年からアメリカの支援を受けてきた李登輝政権以降、アメリカは台湾の民主化に勤《いそ》しんできたが、2016年5月に総統に就任した蔡英文《さいえいぶん》は、「九二コンセンサス」を認めず、アメリカ政府高官の台湾訪問や台湾政府高官のアメリカ訪問、互いの電話会談を許し、アメリカでは台湾に関する新しい法案制定などが続々と出現して、そのたびに中国は軍事演習や軍事的威嚇行動をするようになった。

中でも2022年8月に当時のペロシ下院議長が台湾を訪問した時は台湾島を包囲する形で、これまでで最も激しい形で軍事演習を行なった。

アメリカは早速「ほら見ろ！　中国はやっぱり台湾を軍事攻撃してくる」と喧伝《けんでん》し、日本は「台湾有事が本物になった」として防衛予算を増やす決定などをしている。

ではどれくらいの頻度で米台高官の相互交流や米議会における台湾関連の法制定が行なわれたのかを、図表5-2に列挙する。

その内の、アメリカにおける法制定や議会での決議などに関して見ていこう。

「2」にある台湾旅行法は、2018年1月9日に米下院を通過し、2月28日に米上院で可決され、3月16日にトランプ（元）大統領が署名して成立したものである。アメリカと台湾の高級官僚の相互訪問を促進する法律だ。これによりアメリカは政府高官をつぎつぎと台湾に派遣

図表5-2 米台高官の相互交流や米議会における台湾関連の法制定

	日時	出来事
1	2016年12月	蔡英文とトランプが通話
2	2018年3月	台湾旅行法成立
3	2019年6月	駐米国台北経済文化代表処が台湾米国事務委員会に名前変更
4	2020年 1月	蔡英文が総統選当選後、ポンペオが祝辞
5	2020年2月	頼清徳がアメリカ訪問
6	2020年3月	台湾とアメリカが防疫パートナーシップ共同声明を発表
7	2020年5月	蔡英文総統就任の前日、ポンペオが祝辞
8	2020年8月	アメリカ合衆国保健福祉省長官が台湾訪問（初の現役官員訪問）
9	2020年8月	米国在台湾協会会長が初めて金門砲戦追悼式に出席
10	2020年9月	アメリカ国務副長官が台湾訪問（初の国務副長官訪問）
11	2020年12月	台湾保証法成立
12	2021年1月	米国務省が米台交流制限を取り消す
13	2021年3月	米パラオ大使が台湾訪問（初の米大使による訪問）
14	2021年4月	米国務省が当局者による台湾との接触を巡る規制を緩和する新たな指針を発表
15	2021年7月	下院外交委が「米国グロ ー バル・リ ー ダーシップ・関与強化法案」を可決、法案で米台関係強化を図る
16	2021年11月	米下院退役軍人事務委員会主席が17人の代表団を率いて台湾訪問
17	2022年1月	ホンジュラス大統領就任式で頼清徳と米副大統領が一緒に出席
18	2022年6月	「21世紀の貿易に関する米国・台湾イニシアチブ」発表
19	2022年8月	米下院議長ペロシが台湾訪問
20	2022年9月	米上院外交委員会が「台湾政策法案2022」を可決
21	2023年4月	蔡英文がアメリカ訪問、米下院議長と面会

筆者作成

し、中国（大陸）を刺激し、軍事演習を盛んに行なわせるように仕向けていった。

「3」は、日本にもある「台北《たいぺい》経済文化代表処」などを格上げして、たとえば「台湾日本国事務委員会」としたようなもので、そもそも中国はオリンピックにおいてさえ「台湾」と呼ばさせず、「台北」としか言わせないのに、大使館に相当した「台北代表処」を「台湾」と格上げし、さらに「駐米国」ではなく「台湾米国事務委員会」に変更したのは大きい。蔡英文政権の外交部からの申し入れらしい。

「11」にある台湾保証法（Taiwan Assurance Act）は、2019年5月7日に米下院を通過し、2020年12月21日に修正のうえ『2021年包括歳出法』の一部として米下院を通過した。2020年12月21日に米上院が米下院修正案を承認し、2020年12月27日に当時のトランプ大統領が署名して成立した。台湾への防衛装備品の売却と移転を奨励し、国際機関への台湾の参加を提唱し、台湾との関係に関する国務省のガイダンス等の見直しを国務長官に求める法律だ。

「12」の「米国務省が米台交流制限を取り消す」は、トランプ政権交代（2021年1月20日）のギリギリのタイミングとなった2021年1月9日に、当時のポンペオ国務長官が「米国の外交、軍事、および他の当局者や台湾当局者との相互交流を規制する複雑な内部制限をすべて撤廃する」と宣言したことを指す。

「14」は一覧表に書いてある通りで米国務省は、「新たなガイドラインは台湾保証法の規定に基づいて見直され、米台間の非公式な関係の深化を反映するために台湾に対する米国の関与を奨励することを目的としている」と述べた。

これらはすべて1971年の米中間の上海コミュニケや1979年のアメリカ国内法である「台湾関係法」の領域をさえ逸脱しているが、アメリカは国連で決議されたことは無視して、もっぱらアメリカの国内法あるいは国内規定で台湾を支援し、中国（大陸）を追い詰めていくことに専念している。

「15」に関しては、以下のような状況がある。米下院外交委員会は7月15日に、米台の外交、安全保障、経済関係の強化を求める総合法案「米国のグローバル・リーダーシップと参加の確保法」（EAGLE法）を可決した。5月中旬に民主党下院外交委員会「イーグル（EAGLE）法」は、中国の課題に対応するために米国の政治、外交、軍事、技術能力を強化することを目的とした400ページを超える法案だ。「イーグル法」は、「台湾外交審査法、台湾平和安定法、台湾国際連帯法、台湾学者（フェローシップ）法」など、多くの台湾友好法の規定を包括する。

ただし、イーグル法は国連や関連機関における台湾の代表については言及しておらず、中華人民共和国と台湾との関係や台湾の主権に関する立場も取っていない。

この問題に触れると国連総会にかけなければできない事態になるので、それを避けつつ、台湾をアメリカのインド太平洋戦略の重要な一部として認識し、台湾の国際社会への有意義な参加を表明し、台湾が中国共産党の脅迫に抵抗し、自らを守る能力を確保することの重要性を強調している。この時点では下院外交委で可決はしたが、賛成26、反対22と意見は拮抗《きっこう》したまま現在に至っている。その後の進展は執筆時点ではない。

「18」にあるように2022年6月1日に、アメリカは商務部を中心として「21世紀の貿易に関する米国・台湾イニシアチブ」を発表したが、これは米台が共同して中国の国有企業が非市場的な独占状態を生み、国際貿易を歪《ゆが》めている状況に対処しようという呼びかけと受け止めることができる。

「20」は2022年9月14日、米上院外交委員会がアメリカの対台湾政策を強化する法案「台湾政策法案2022」を賛成多数で可決した。「台湾の安全保障を促進する米国の取り組みを拡大するほか、地域の安定を確保し、中国の台湾に対するさらなる攻撃を抑止するためのもの」としているが、こういった一連の行動こそが、中国の武力攻撃を促すことにつながるのだというのをアメリカは十分に知っているはずだ。何としても、中国に台湾を武力攻撃させたいアメリカの思惑が滲《にじ》み出ている。

中国が武力攻撃するしかない状況をアメリカが必死になって創りあげ、そうしておきながら「武力攻撃は許さない」と、まるで「平和」の側に立っているようなスローガンを叫び続ける。まさか、日本はそれを見抜けないわけではあるまいと思うが……。

五、尖閣・南シナ海の領有権を定めた中国「領海法」を許した日米の罪

アメリカが中国に関して「力による一方的な現状変更は許さない」と言っている対象には、台湾だけでなく南シナ海問題もある。

日本には日本の領土である尖閣諸島問題があるので、尖閣諸島を含めた領土領海に関して中国が定めた「領海法」があるので、「領海法」とそれに対する日米の反応に関して詳細に見てみたい。

1992年2月25日、中国が全人代常務委員会会議は「中華人民共和国領海及び接続水域法」（以下、「領海法」）を採決し制定した。第二条には、以下のような文言がある。

第二条　中華人民共和国の領海は、中華人民共和国の陸地領土と内海に隣接する一帯の海域とする。中華人民共和国の陸地領土は、中華人民共和国の大陸とその沿海島嶼《とうしょ》、台湾および釣魚島を含む付属の各島、澎湖諸島、東沙群島、西沙群島、中沙群島、南沙群島、および中華人民共和国に属する他のすべての島々を含むものとする。中華人民共和国の領海基線から陸側の水域は中華人民共和国の内水である。

ここで言う「釣魚島」とは「尖閣諸島」のことで、れっきとした日本の領土である尖閣諸島

に関して、中国が「それは中国の領土である」という領海法を制定したというのに、日本はいかなる抗議もしていない。

当時、中国総局におられた現場の記者が、北京にある日本大使館や日本の外務省に電話をして、「大変なことになっているので、日本は抗議すべきではないか」と迫ったところ、冷ややかに「いやー、中国も法整備でもしてるんじゃないですか……」という回答が戻ってきたのみであったという。

何ということだ――！

自国の領土が、他国の領土として法制定されているというのに、それに抗議をしない国というのがあり得るだろうか？

あってはならないことだ！

アメリカが台湾関係法を国内法として制定して、中国は相当に抗議しているが、結局アメリカは国内法である台湾関係法があることを理由に、台湾に武器を売り続け、口出ししているではないか。

これは中国の国内法なので日本は抗議しなかったとは言わせない。

図表5-1にあるように、日本は天安門事件に対する対中経済制裁を解除することに必死で、日本のその甘さを見て取った江沢民は、1992年4月に来日して病院にいる田中角栄に会い、「天皇陛下訪中を実現すれば、二度と再び日中戦争時の日本の侵略行為に対する批判はしない」

と約束して、1992年10月の天皇陛下訪中を実現させてしまった。おまけに天皇陛下の訪中が終わると、掌《てのひら》を返したように、1994年から江沢民は愛国主義教育を開始し、激しい反日教育を断行し始めた。

日本は見くびられ、甘く見られているのだ。

そればかりではない。実は日本は近年、「日本の領土領海である尖閣諸島」の周辺区域に関して「侵入しても構いませんよ」というシグナルを中国に発信するような内閣を形成し続けている。たとえば第二次安倍内閣が発足して以降、国土交通大臣は「公明党」と決まっている。

中国で「最も親中の政党」として知られているのが「公明党」だ。

中国のネットにはあふれるほど「公明党に対する高い評価」を見い出すことができる。日本で新しい内閣が発足して組閣が決まるたびに「ああ、釣魚島（尖閣諸島）に関しては安泰だよ。今回もまた公明党から国土交通大臣を選んだのだから」という見解が中国共産党系や中国政府だけでなく、一般のネットユーザーからも数多く寄せられるほど日本は「尖閣問題に関して中国に媚《こ》びている」のである。

尖閣諸島周辺における中国船の不穏な動きと戦っているのは海上保安庁の巡視船などだが、その海上保安庁を管轄するのは国土交通省で、国土交通大臣は最も親中の公明党と決まっているのだから、中国船の侵入を止める気は日本の内閣にはないと言っても過言ではない。「実に遺憾である」と官房長官が表明するという、お決まりの反応だけでスルーしているのが日本だ。

図表5－3に、第二次安倍内閣以降の国土交通大臣の政党名と政府の反応および尖閣諸島接続水域や領海への中国船の侵入状況を一覧表にしてみた。

こうして中国は中国領海法に基づいて、尖閣諸島領海に侵入するし、南シナ海の九段線と呼ばれる島嶼である「東沙群島、西沙群島、中沙群島、南沙群島」などを、中国の領土として、中国が使いたい放題で使っているだけになってしまったのだ。

「力による一方的な現状変

**図表5-3　近年の国土交通大臣名と所属党名
尖閣諸島侵犯に関する状況**

	国土交通大臣名	就任期間	所属党	日本政府の反応や中国の新たな動きなど	月平均接続水域内入域隻数	月平均領海侵入隻数
自公連立政権	太田昭宏	2012年12月26日—2014年9月3日	公明党	日本政府「遺憾」表明のみ	65.8	12.1
	太田昭宏	2014年9月3日—2015年10月7日	公明党	日本政府「遺憾」表明のみ	60.7	8.2
	石井啓一	2015年10月7日—2017年11月1日	公明党	日本政府「遺憾」表明のみ 2015年12月22日 外観上、明らかに機関砲を搭載した中国公船による接続水域への入域が初めて確認される	60.7	9.4
	石井啓一	2017年11月1日—2019年9月11日	公明党	日本政府「遺憾」表明のみ 2018年7月1日 中国海警局が人民武装警察部隊に編入される	64.6	8.0
	赤羽一嘉	2019年9月11日—2020年9月16日	公明党	日本政府「遺憾」表明のみ	97.4	8.2
	赤羽一嘉	2020年9月16日—2021年10月4日	公明党	日本政府「遺憾」表明のみ	100.3	8.8
	斉藤鉄夫	2021年10月4日—2021年11月10日	公明党	日本政府「遺憾」表明のみ	98.0	4.0
	斉藤鉄夫	2021年11月10日—現在	公明党	日本政府「遺憾」表明のみ	100.4	8.6

公けの情報に基づき筆者作成

更」などと、今さら言ったところで、1992年の中国の「領海法」制定に関して如何なる抗議もしなかった日本にもアメリカにも、その資格はない。

実はアメリカもまた中国の「領海法」制定に関して、特段の抗議をしていない。

その理由を、天安門事件が起きた時のジョージ・H・W・ブッシュ大統領（在任1989年1月20日〜1993年1月20日。パパ・ブッシュ。以下ブッシュ）に焦点を当てて考察したい。

ブッシュは1970年代を通して、ニクソン大統領やフォード大統領の下で国連大使や中華人民共和国への特命全権公使（米中連絡事務所所長）などの要職を歴任した。米中連絡事務所所長となった際は訪中した当時の大統領フォードに同行して毛沢東とも2度も会見した経験を持つ。結果的に大の「親中」へと変貌し、のちにビジネス界とも深いつながりを持つようになった。特に江沢民政権になってからは1980年代末からアメリカに留学していた江沢民の息子・江綿恒との関係を深め、2000年代に入ると息子のニール・ブッシュなどブッシュの親族が江綿恒関係の企業とも連携し、江綿恒から数百万ドルの報酬を受け取ったりしている。

私はたまたま江綿恒が共同経営しようとしていた台湾系のグレースという名の半導体企業を、日本の複数の半導体ベンチャー企業に頼まれて何度か視察に行ったことがある。宴会で接待されることも多く、お酒が入れば、幹部や周辺の関係者と何かと「ここだけの話ですが……」というエピソードに花が咲く。そのような席で得た「極秘」情報はあまり公開しないとしても、ともかくブッシュと鄧小平や江沢民が深い関係であったことは確かだ。

こんなブッシュだったので、天安門事件では対中制裁に秘かに匙《さじ》加減を加え、日本と協力して、対中制裁の宣言から「過度に中国を非難する文言」を削ったりしている。また対中円借款を再開して対中経済制裁を解除しようとした当時の日本の海部俊樹首相に同調したりもしている。

中国が「領海法」を制定した時、アメリカの大統領はこのブッシュだったために、アメリカもまた「領海法」に片目をつぶり、抗議していない。

だというのに、突然のように南シナ海や台湾問題に関して「中国が力による一方的な現状変更をしようとしているのは絶対に許せない！」などと今さら叫んでいるが、文句があるなら1992年の「領海法」に戻れと言いたい。

特に2023年4月に長野県軽井沢町で開催されたG7サミット外相会談で林外相が偉そうな顔をして「力による一方的な現状変更を許さないことで一致しました！」と声高に宣言するのを聞いていると、あの親中の素顔はどこに置いてきたのかという思いが湧いてくる。アメリカ追従というのは恐ろしいものだと痛感するばかりだ。

なお、尖閣諸島に関しては、日本の領土であることにいかなる議論の余地もないが、その他の九段線の島嶼（南シナ海島嶼）に関しては、中国では以下のように主張している。

●1914年の時点で、個人が描いたものだが、中国の領土の地図に現在の「九段線」に相当した南海の島嶼は存在していた。

●1935年3月22日、中華民国政府の水陸地図審査委員会第29回会議は、行政区域辺境の地図は東沙、西沙、南沙および団沙（のちに南沙）群島を明確に示す必要があると決定した。

●1935年4月、同委員会が発行した「水陸地図審査委員会会刊」第一期には「中国南海各島嶼図」を掲載し、南海島嶼の位置を明示した。1935年4月にフランスが南海の一部の島を占領したので、これを以て中華民国政府のフランスに対する抗議とした。

●1939年頃、日本軍が奪い、さらに1946年にフランスがベトナムを占領する時に一部の島を再び占領した。

●1946年頃から中華民国政府がフランスと交渉し、1947年2月28日に、西沙、中沙、南沙諸島を中華民国政府が接収し、4月14日に会議を開いて、南海島嶼に関する地図を出版した（図表5-4）。

図表5-4　1947年4月の「中華民国」における南海島嶼（十一段線）

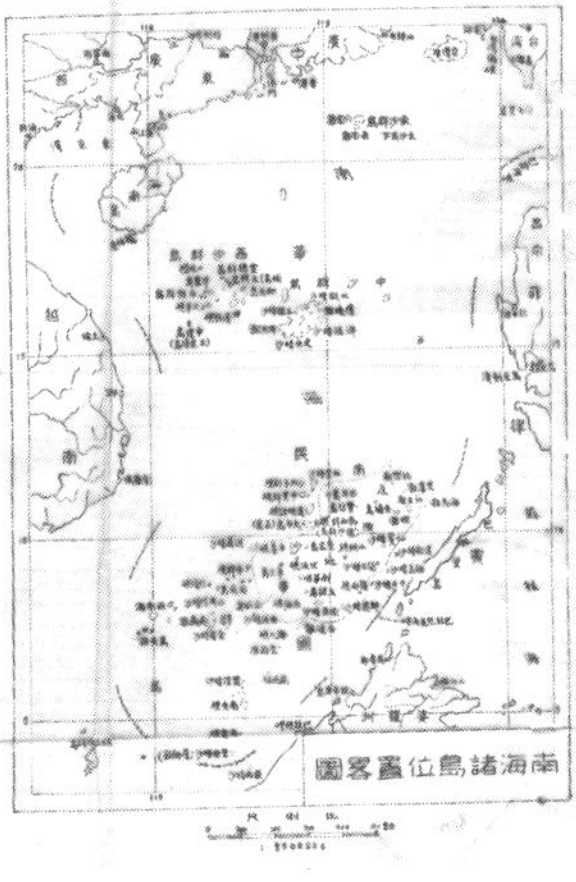

中華人民共和国となって以降、1953年に中国は改めて九段線を中国の領土と位置付けている。蔣介石は十一段線としていたが、毛沢東は九段線に変えている。

六、中国の国力増強とアメリカの対中・対台湾政策の変化

ところで中国のGDP規模が大きくなりアメリカに近づくにしたがって、アメリカの対中強硬策や対台湾支援などが本当に強まっているのか否かを、数量的に見えるデータを探し出して定量的に分析する必要もあるように思われる。

政策を定性的に分析するのはもちろん重要だが、定量分析をするほうが説得性を増す。そこで、いくつかの可視化できるパラメータ（変数）を探し出して、米中のGDP推移との相関を計算すべく努力してみた。

その結果、以下のような相関図を作成することを試みたので、ご覧に入れたいと思う。

まず対中強硬策のパラメータとして「対中制裁の数」を選んでみた。

図表5-5に示したのは、1989年以降の米中日のGDPの推移と、アメリカによる「対中制裁回数」の推移である。

なぜ1989年を始点に選んだかというと、その年の6月4日に天安門事件が起き、短期間

ではあるものの、西側諸国が対中経済封鎖に踏み切ったので、それを「第１回」の制裁としてカウントしたからだ。しかし、くり返しになるが、その制裁は直ぐに日本（あるいは日米）により解除され、２０１１年までは、アメリカも中国に対して制裁をしていない。

なぜ、２０１１年に突然「１回」だけ制裁が加わり始めたかというと、理由は二つある。

一つは、中国のGDPが２０１０年に日本のGDPを追い抜き、一歩、アメリカへと近づいたからだ。

二つ目は２０１１年にアメリカの当時のオバマ大統領が、「アメリカのアジア回帰」という、新しいアジア太平洋に向けた安全保障戦略を打ち出したからという背景がある。

アメリカは２００３年にイラクに大量破壊兵器があるとして、国連決議も得ないまま戦争を仕掛

図表5-5　米中日GDPおよび米対中制裁回数の推移

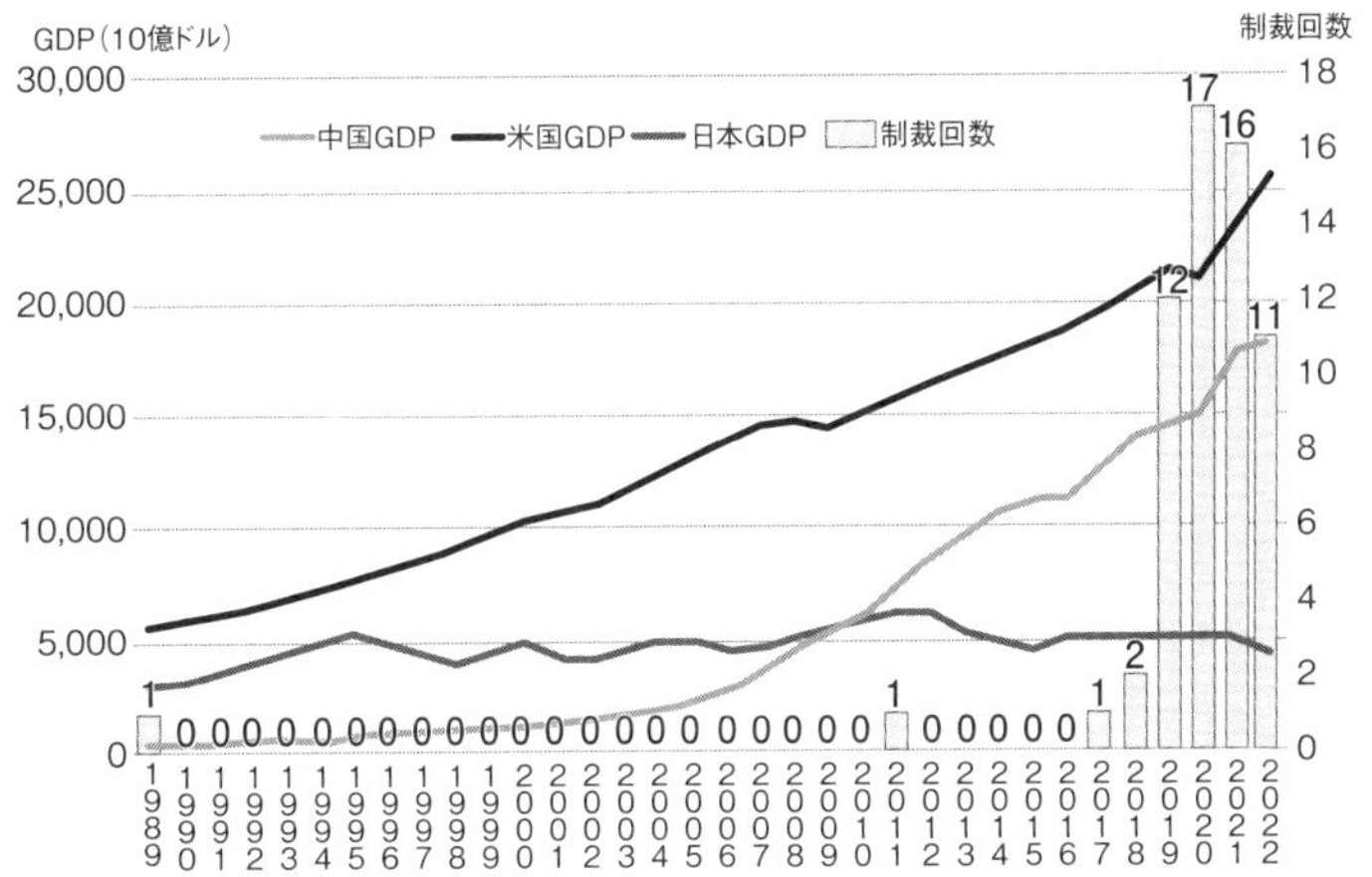

筆者作成

け（大規模侵略戦争）、結局大量破壊兵器は見つからなかったのに残虐な正義なき戦争を続けた。アフガニスタンにおける対テロ戦争にも専念していたので、軸足をアジアに戻さないと中国ばかりが発展していくことに懸念を抱き始めていた。

そのため突如、中国に制裁をかけ始めたのである。

2017年になると、時のトランプ大統領がファーウェイや習近平政権が発布したハイテク国家戦略「中国製造2025」の勢いに危険を感じて凄まじい対中制裁をかけ始めた。

2019年から2020年にかけて大きなピークがあるのは、大統領選を勝ち抜くために、自分がどれほど「対中強硬」であるかを選挙民に見せなければならないからだ。

2021年にややその勢いが鈍ったのは、新たに大統領に当選したバイデンにとって、すぐには次の選挙がないので、そこまで大急ぎで制裁を強化して選挙民に見せる必要がなかったからだろう。アフガンにおける米軍撤退のときの失態も影響していると思われる。2022年に減っているのは、ウクライナ戦争でロシアに対する制裁に没頭しているからだ。

では次に、アメリカが中国に対して行ない始めた「航行の自由作戦」の回数の推移を見てみよう。

やはり、米中日GDPの推移と比較しながら図表5-6を作成してみた。データはさまざまな情報源から取ったが、たとえばアメリカのDefense News、香港のSouth China Morning

Post、Foreign Policy、日本の防衛省のウェブサイト、ロイター、ＢＢＣ……など多岐にわたる。したがってある意味での不完全統計と言えなくもなく、拾い切れていないものがあった場合は、お許し願いたい。

「航行の自由作戦」というのは、広く言えば、１９７９年からアメリカが、「他国が領海や排他的経済水域といった海洋権益を過剰に主張していると判断した場合、その主張を認めないという意思表示をするため事前通告なくその海域を航行する」ことを指す。

図表５‐５で書いた航行の自由作戦は、南シナ海に対してアメリカの軍艦が事前許可なく航行することを指している。実施した戦艦にはさまざまあるが、たとえば以下のような種類がある。

USS Curtis Wilbur（DDG-54）／USS William

図表5-6　米中日GDPおよび対中航行の自由作戦回数の推移

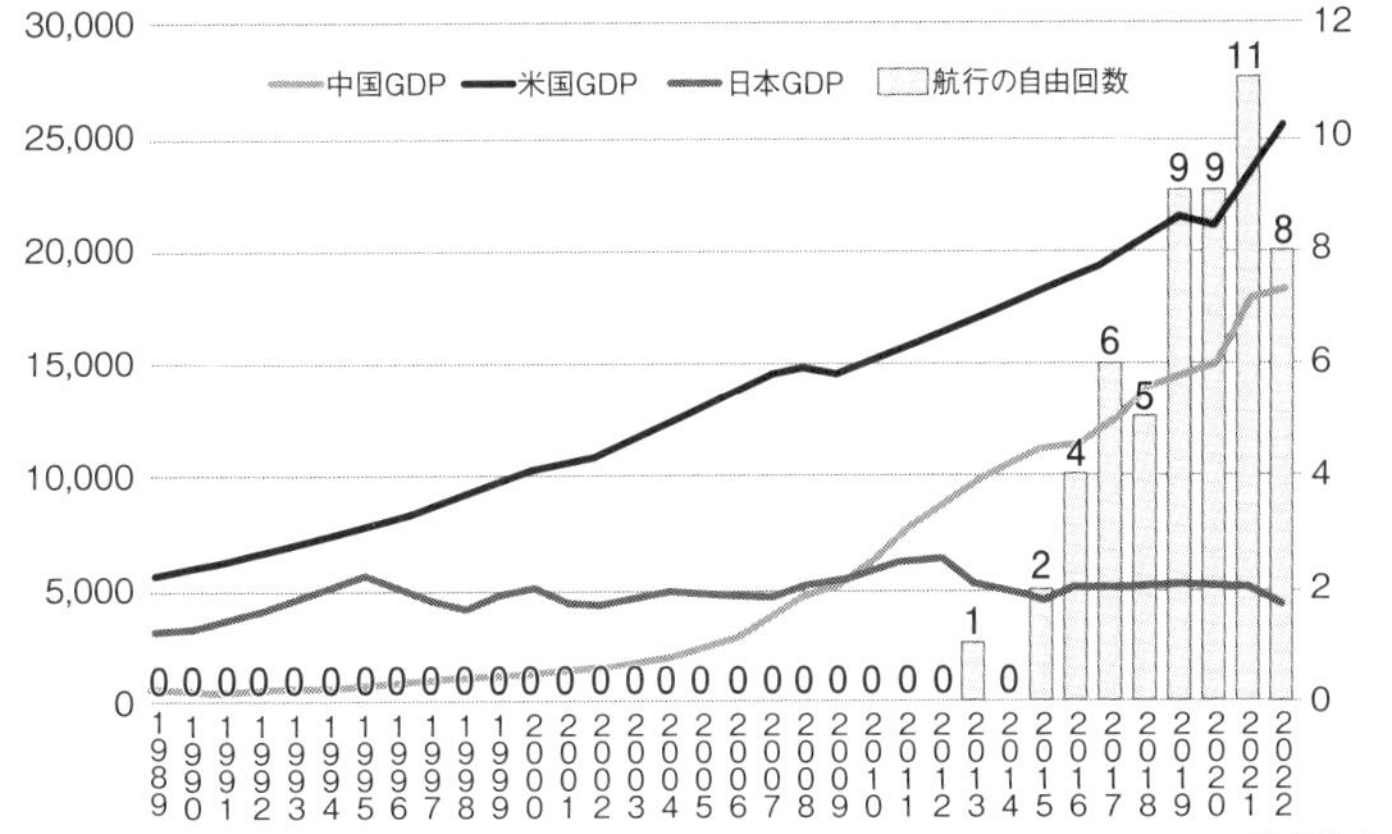

筆者作成

P. Lawrence（DDG-110）／USS Decatur（DDG-73）／USS Lassen（DDG-82）／USS Barry（DDG-52）／USS Bunker Hill（CG-52）

などだ。ただし、ＵＳＳはUnited States Shipの意味で米国海軍艦籍を示す。ＤＤＧはミサイル駆逐艦のことで、ＣＧはミサイル巡洋艦である。

図表５‐５同様、中国のＧＤＰが日本のＧＤＰを抜いた辺りから始まっており、明らかに習近平政権に入ってから激増している。それは習近平が腐敗撲滅運動を開始し、軍部に蔓延《はびこ》る底なしの腐敗を取り除き、兵器のハイテク化を図り始めたことと関係している。何としても中国の成長の勢いを削ぎ、可能なら中国を潰さなければというアメリカの意思が顕著に表れている。最後にアメリカによる台湾への武器売却回数の推移を、図表５‐７に示してみた。

アメリカによる台湾への武器売却は、台湾の政権が親中か反中かによって大きく変化するので、政権別に区切ってみた。

蔣介石の息子である蔣経国は、蔣介石逝去に伴って１９７８年５月に総統に就任し、１９８８年１月まで約10年間総統の座に就いていた。まだ蔣介石が存命だった頃の１９７１年10月に国連を追い出された「中華民国」としては、どれほど無念の思いであったかは想像に難くない。それまで大陸への反撃を中心に据えていた国民党政府は、防衛費に多くの予算をつぎ込んでいたので経済的にも厳しく、蔣経国は徐々に独裁体制を除き、経済発展のためのプロジェクトを進めていった。

また1979年4月に台湾関係法が制定されるまでは米華相互防衛条約があって、米軍が台湾に駐留していて、特にベトナム戦争における重要な米軍駐屯基地の一つになっていたが、米台国交断絶とともに米華相互防衛条約も破棄された。蔣経国政権になって初めてアメリカから兵器を購入するということが試みられたので、この期間はあまり参考にならない。蔣経国は李登輝の才能を見込んで国民党に入党させ副総裁に任命している。

1988年1月、李登輝が国民党員ながら、初めて本省人（大陸から渡ってきた外省人でなく、台湾島内で生まれた台湾人）として総統になり、民主化を進めていったのでアメリカは大いに李登輝政権を応援して武器を大量に売却した。しかし19

図表5-7　アメリカの台湾への武器販売回数推移

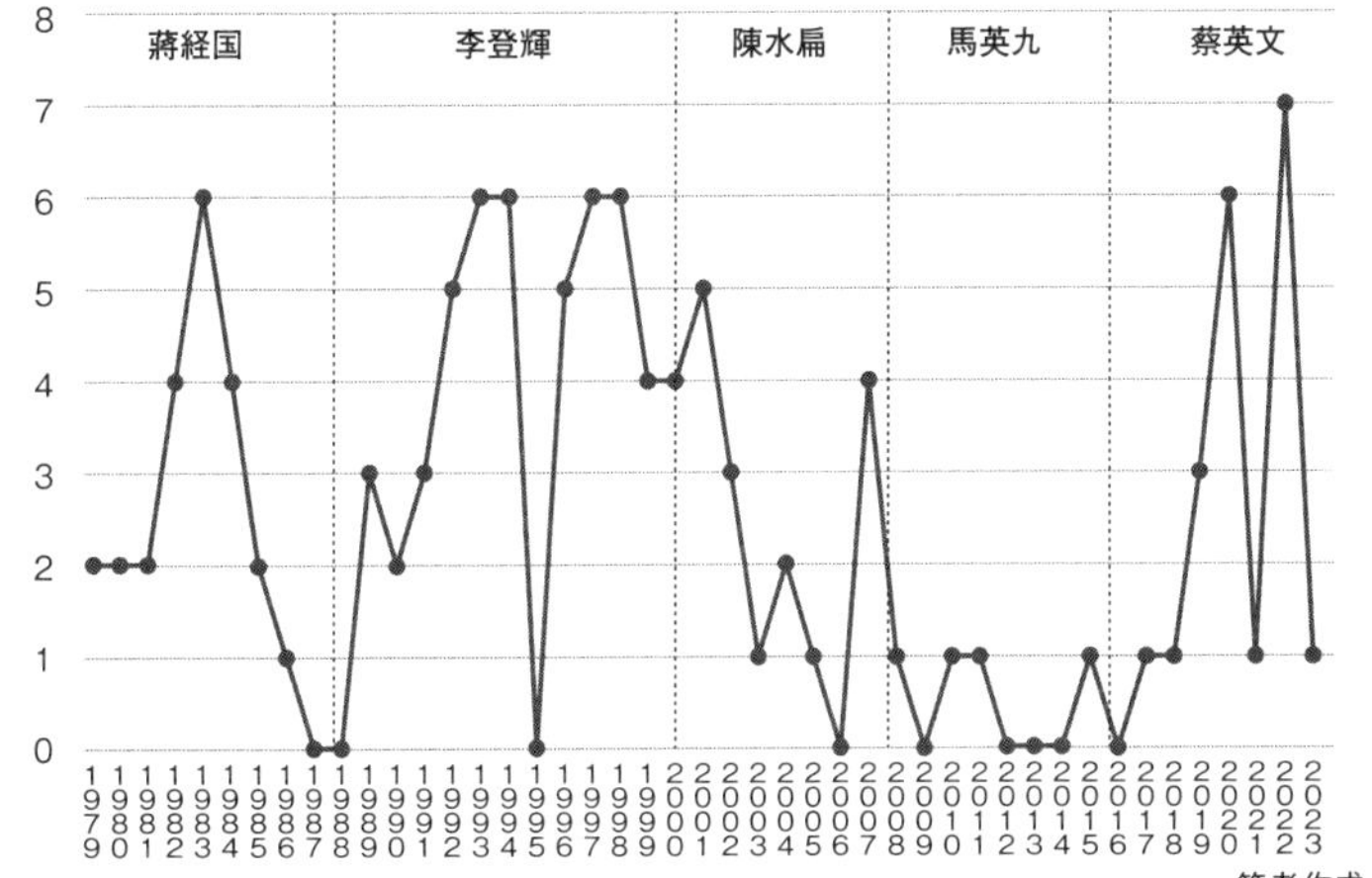

筆者作成

95年6月に李登輝が個人名義で訪米したのだが、実際には現役の「中華民国」総統であるため、中国はあたかも米台間に国交があるような行為だとみなして李登輝の1996年における総統再選を阻止するため台湾海峡で激しいミサイル攻撃をした（1995年7月〜1996年3月、台湾海峡ミサイル危機）。そのため、アメリカは戦争が勃発するのを防ぐため、台湾への武器売却を控えた。それが1995年のデータに表れている。

李登輝は「中華人民共和国」と「中華民国」の「二国がある」とする「二国論」を唱えている。1996年には総統の直接選挙による初めての総統当選を果たした。

1992年の「九二コンセンサス」は、まだ蒋経国政権だった1987年に台湾住民の中国大陸訪問が解禁され、両岸（中台間）の交流が進展し始めた結果なので、矛盾するように思われるかもしれないが、台湾の中でもさまざまな意見の流れがあり、両岸の経済交流が始まっている。

2000年5月に始まった陳水扁政権は完全な台湾独立を唱える民進党員なので、アメリカが全面的にバックアップするはずなのだが、兵器売却は非常に少ない。なぜかというと、2001年9月11日にはアメリカで同時多発テロ事件が発生し、2001年10月7日にはアメリカによるアフガニスタン侵攻が始まり、また2003年3月20日にはアメリカはいきなりイラクに武力攻撃をして、正義なき戦争であるイラク戦争を始めたので、台湾には手が回らなかったものと判断される。

非常に顕著なのが、2008年5月から2016年5月までの馬英九政権のケースだ。いきなりそこだけ、武器売却回数がストンと落ちている。

陳水扁政権で悪化した中台関係による台湾経済の低迷や世界金融危機なども受け、馬英九は経済成長に力を注いだので、当選直後に台湾ドルが10年ぶりに高値を付けたほどだ。経済発展には中台関係の改善も必要なことから、陳水扁政権時代に制限されていた台湾企業の中国進出を緩和した。

中国大陸のほうではそれを誘うように、2009年に建国60周年記念を謳《うた》う『建国大業』という映画が公開されたのだが、そこで初めて蔣介石の愛国的一面を称える場面を盛り込んだ。これが台湾にいる蔣介石の孫で当時国民党副主席だった蔣孝厳《しょうこうげん》をひどく喜ばせ、国民党本部で毛沢東の孫と面会するなど中台の友好ムードが一気に高まっていった。

先述した2022年8月10日に中国政府が発表した『台湾白書』にも、1978年における両岸（中台）貿易総額が4600万米ドルだったのに対して、2021年には3283・4億米ドルにまで増加し、その増加は当時の7000倍以上であると書いてある。台湾にとって大陸は最大の輸出国で、2021年末には台商の対大陸投資プロジェクトは12万3781に達しており、実際の投資額は713・4億米ドルに達するとのこと。

実際、1978年~2021年までの中台貿易の推移を描くと、図表5-8のようになる。

たしかに2008年から中台貿易は急激に盛んになっている。この勢いが蔡英文政権に入ってから一層加速しているのは、中国の「ソフトパワー」戦略の結果が招いたものだろう。

もちろん蔡英文政権ではアメリカとの結びつき、あるいは対米依存が、これまでのどの政権よりも強く、それは武器購入回数にも如実に表れている。

2022年に減ったのは、アメリカがウクライナ戦争対応で手一杯となり、台湾に回す武器が足りなくなったものと考えることができる。

ただ、ひとたび踏み込んだ大陸でのビジネスから抜け出すのは、尋常ではない困難を伴う。だからこそ日本企業も早くから中国大陸に根を下ろし、そこで細かなネットワークを築いてしまった以上、なかなか抜け出せないでいるのが現状だろう。

それに経営者にとって自社の利益を最重要視するのは当然で、政治のために損失を承知で商売先

図表5-8　中国大陸と台湾の貿易額推移（1978-2021）

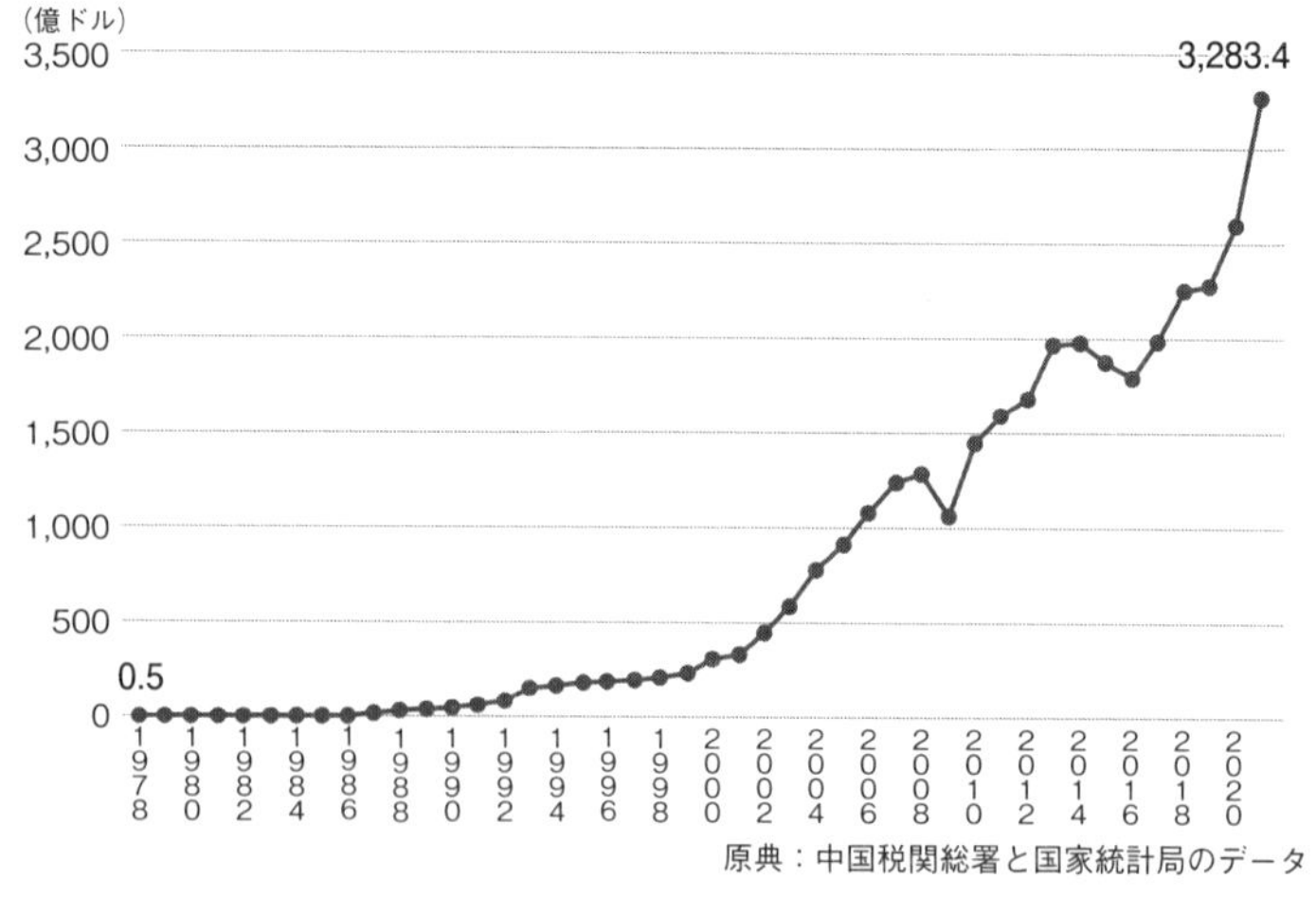

原典：中国税関総署と国家統計局のデータ

を強引に変えなければならないのは苦痛にちがいない。

２０２２年12月6日、世界最大手の半導体受託製造企業（ファウンドリ）である台湾のＴＳＭＣは、アリゾナ工場の本格的な建設（第二期工程）が始まったとして、その祝賀式典をアリゾナ州で開催した。

式典にはバイデン大統領をはじめ、ＴＳＭＣの主要な顧客となるアップルやＮＶＩＤＩＡ（エヌビディア）、ＡＭＤ（Advanced Micro Devices）などの経営トップが出席し、ＴＳＭＣ側からは劉徳音ＣＥＯや創設者の張忠謀（モリス・チャン）が出席した。

何よりも注目されるのは、バイデンのあとに演台に立った張忠謀の演説で、彼が以下のように述べたことである。

――大きな地政学的な政治変局が新たな情勢を生み出し、**グローバリゼーションはすでに死に瀕しており、自由貿易もほぼ死んだ**。多くの人はそれらが戻ってくることを望んでいるが、しかし私は、少なくとも一定期間は、もう元には戻らないと思っている。

その時のモリス・チャンの苦し気な顔が、香港の鳳凰資訊

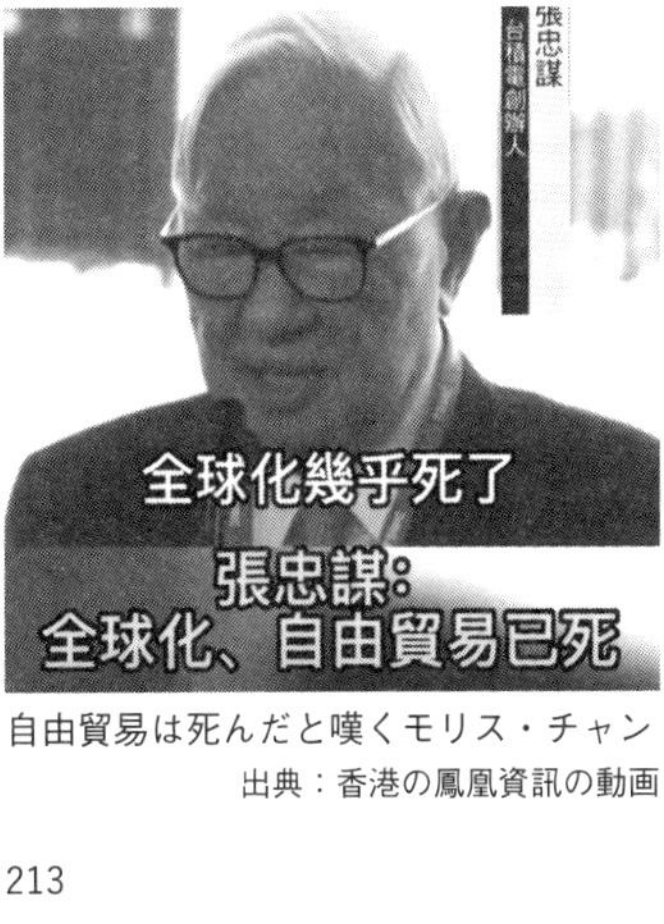

自由貿易は死んだと嘆くモリス・チャン
出典：香港の鳳凰資訊の動画

の動画にある。

いま台湾の民意は、経済なのか防衛なのか、戦争になった場合、アメリカはウクライナ戦争と同じように自分は戦わないで台湾人を戦場に送るだけではないのかといった議論で分かれている。

2024年1月の総統選に向けて、中台両方とも正念場だ。

七、台湾の民意と2024年1月の総統選に向けて

2023年1月12日に、対中問題を中心とした台湾の民意調査が行なわれた。実施母体は民主文教基金会だ。その中から本書の関心事である項目をいくつか選んでご紹介する。全体の傾向が視覚的に見やすいようにするため、回答は、「非常に賛成」と「まあ、賛成」を「賛成」にまとめ、「絶対反対」と「まあ、反対」を「反対」としてまとめた。

図表5-9の中にある「抗中保台」とは「中国に対抗してこそ台湾を防衛することができる」という意味で、「和中保台」とは「中国と良好な関係を保っていてこそ台湾を防衛することができる」という意味だ。データに基づいた多くの解説や意見は以下のようにまとめている。これを中共による情報戦と見るのは早計で、今般のみ違うのはあくまでもウクライナ戦争におけるアメリカの行動が大きく影響していると見るべきだろう。

●多くの台湾人は、米中の覇権争いのために、アメリカが台湾を駒として利用していると認識している。
●アメリカが中国大陸を牽制するために、台湾人が戦争に巻き込まれることを台湾人は嫌がっている。だからアメリカに近づかないほうがいいと思っている人が多い。
●中国大陸と対立し続けるのは台湾に不利なので、「抗中保台」より「和中保台」を望む人が多い。

次に2023年4月18日に、台湾民意教育基金会が行った民意調査の結果の中から、やはり本書のテーマに必要ないくつかのデータを拾って図表5-10でお示ししたい。

①台湾と大陸が「一つの中国」に属することに関して賛成ですか？
という設問に対して、「賛成できない」が67・1％にも達している。

②台湾と大陸が「一つの中国」に属し、その「一つの中国」が「中華人民共和国」であることに賛成しますか？
という設問に対しては、なんと83・5％が「賛成できない」と回答しているのだ。

③台湾と大陸が「一つの中国」に属し、その「一つの中国」が「中華民国」であることに賛成しますか？
という設問に対しては、「賛成できない」が50・4％もいるというのは、台湾が置かれ

7. 和中保台を支持するか？

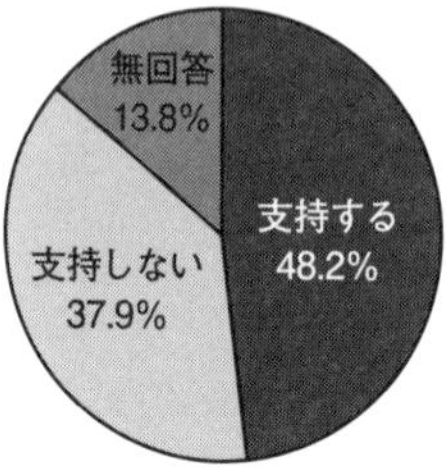

8. 抗中保台と和中保台、
どちらが台湾に有利？

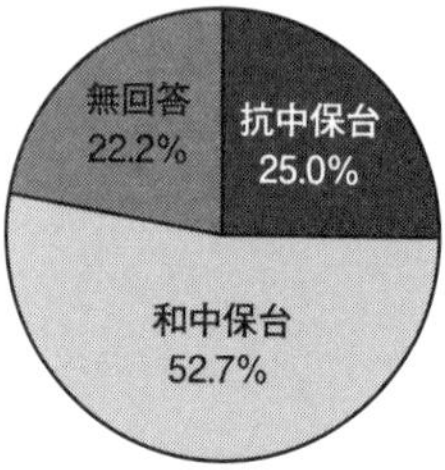

9. アメリカは台湾を利用して
中国大陸を牽制しようとしているか？

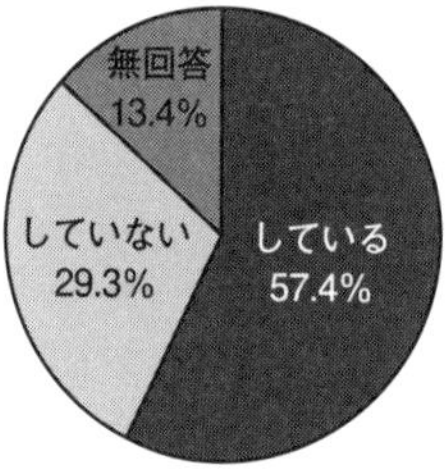

10. アメリカを信頼し、親米になってこそ
台湾を守ることができると思うか？

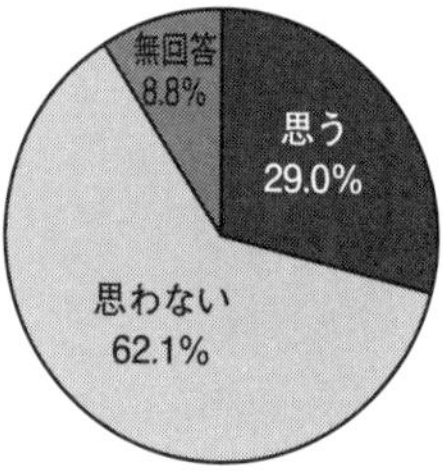

11. アメリカを信じず、アメリカと距離を取ってこそ、
米中衝突に巻き込まれないと思うか？

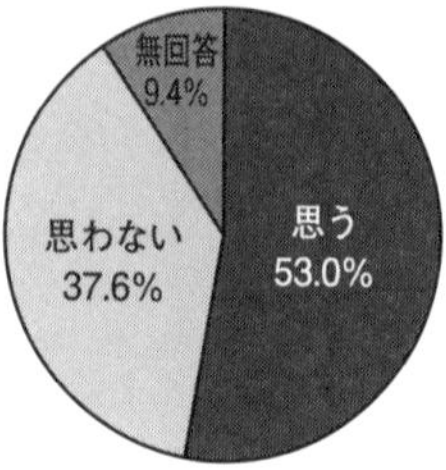

民主文教基金会のデータの一部を筆者が和訳して作成

図表5-9 台湾の民意調査結果

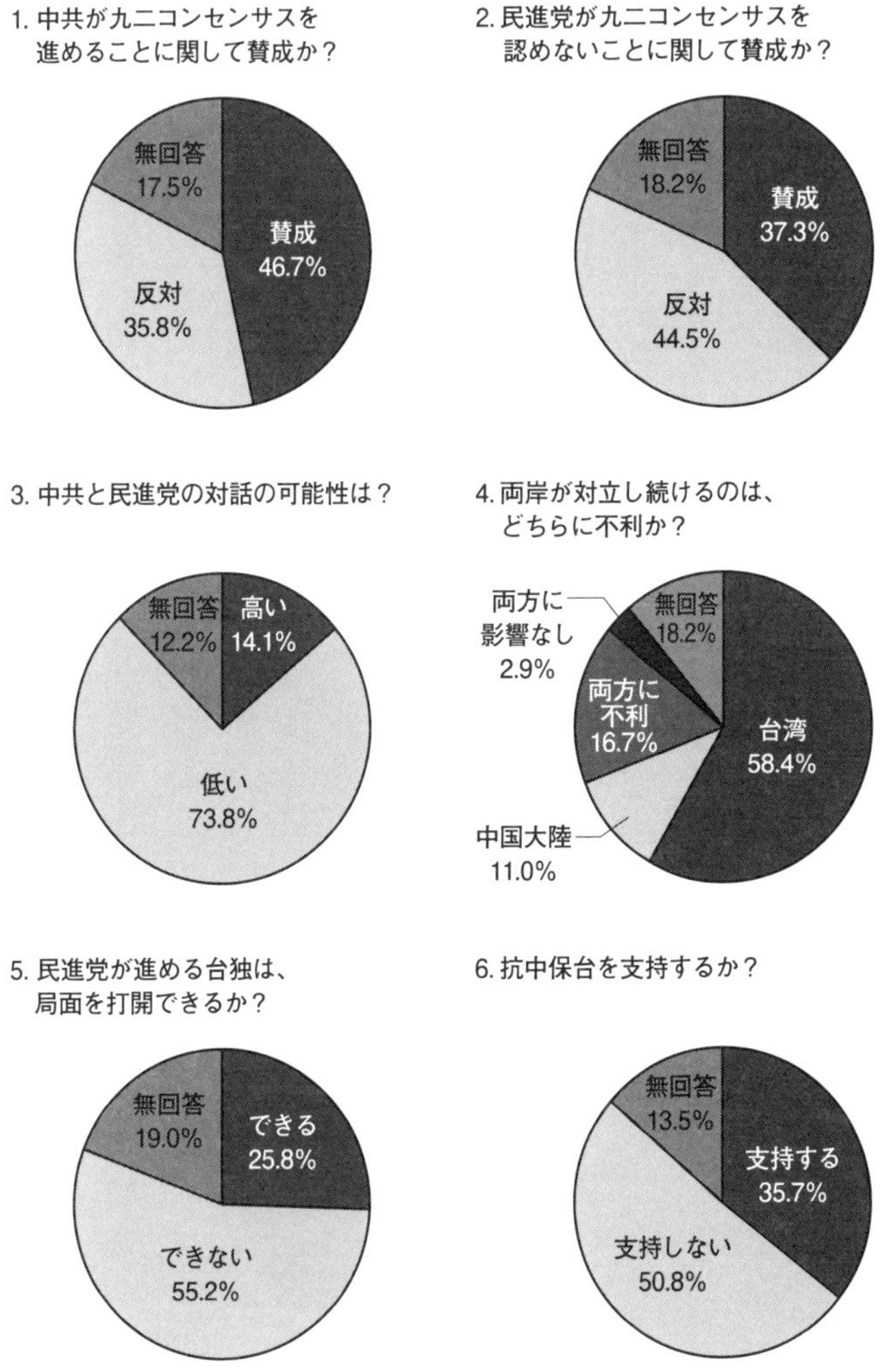

図表5-10　台湾の民意調査結果その2

1. 台湾と大陸は同じ一つの中国に属する

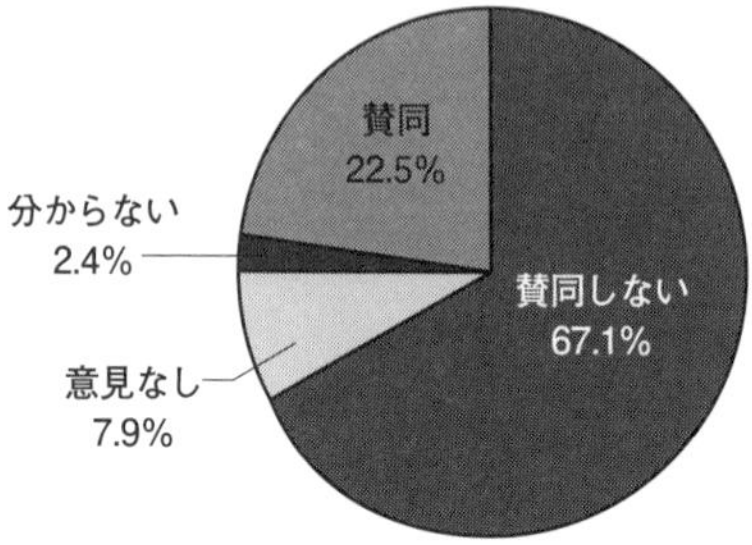

2. 台湾と大陸は同じ一つの中華人民共和国に属する

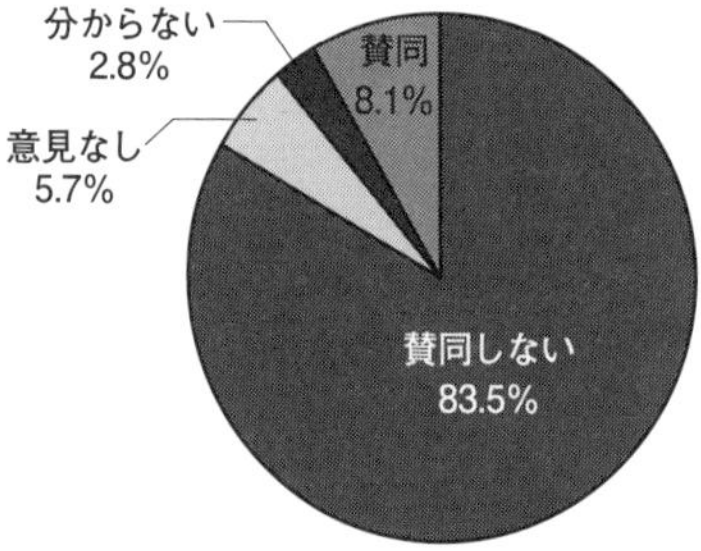

3. 台湾と大陸は同じ一つの中華民国に属する

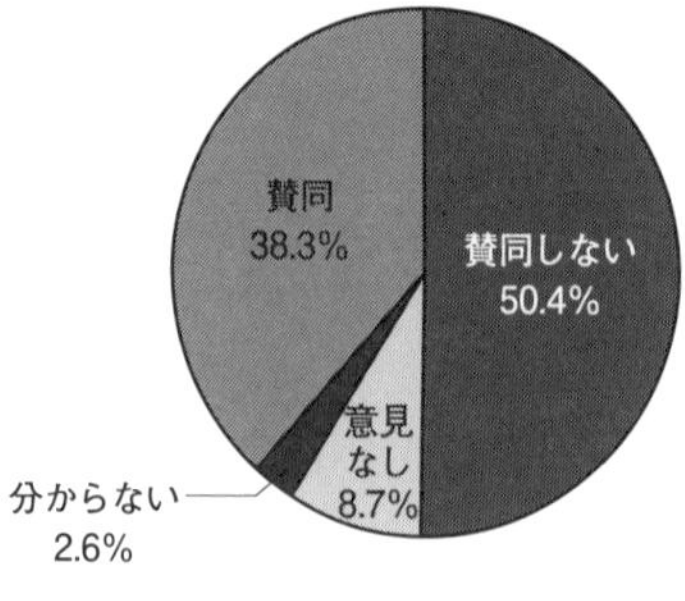

台湾民意教育基金会のデータの一部を筆者が和訳して作成

た非常に複雑な状況を如実に表している。

すなわち、この3つの回答から見えるのは、習近平がどんなに「台湾平和統一」を望んでも、その実現はなかなか難しいということだ。

せめてできるのは、2024年1月の総統選で、親中派の国民党が勝ってくれるのを「支援する」くらいだろう。

「支援」は何によって行なうかというと、最大の手段は「経済の結びつきを強化すること」である。図表5-8に示したように、2016年に民進党政権になったあとにこそ、逆に台中貿易額が急増している。台商（台湾商人）に対する特別の優遇策を増やしたりして強化させていくにちがいない。

さらに強い決定的なカードは、今般のウクライナ戦争に対する「和平案」だ。

本書の第一章で書いたように、「和平案」提案の最も大きな目的は、次期総統選で親中派の国民党に勝ってもらうことだった。2023年4月26日、習近平はついにゼレンスキーと電話会談を行なった。これにより「習近平は平和を重んじ、戦争を嫌っている」というイメージが台湾に浸透していけば、台湾の各政党への支持率に大きな影響を与える結果を招くかもしれない。少なくとも習近平はそう望んでいるにちがいない。

しかし一般に政党支持率というのは、一寸先が闇。何が起きるか分からないので、本書で追跡するのは適切ではない。

ただ、大まかな傾向は言える。

台湾では主要政党には「色」がついていて、「国民党は藍《あい》」、「民進党は緑」、第三政党である「台湾民衆党は白」と陣営の色で闘うという特徴がある。「白」はやや親中的だ。

2022年11月の統一地方選挙では「緑」が惨敗し、「藍」が躍進的な勝利を収めた。しかし地方選挙と違い、総統選は国家として闘う側面が大きいので、ここでご紹介した民意が総統選に反映していく。

5月16日の時点では「藍緑」陣営は互角に近いが、「緑」陣営がやや優っている。おまけに民進党は2023年3月15日に早々に頼清徳主席(63歳)を総統選公認候補に決めた。蔡英文は統一地方選挙敗北の責任を取って主席を辞任し、ライバルだった頼清徳副総統に民進党主席の座を譲ったため、指名がスムーズに行った。しかし国民党では朱立倫《しゅりつりん》主席の名声が思わしくない中、4月27日に今は国民党員でない鴻海《ホンハイ》精密工業創業者の郭台銘《かくたいめい》(テリー・ゴウ)氏(72歳)が立候補を表明したり、指名を宿望されながらなかなか明確にならない警察官僚出身の侯友宜《こうゆうぎ》(65歳)・新北市長の存在があったりなどして決まらなかった。5月17日になって、ようやく国民党からは侯友宜を総統立候補者に出すことが発表され、朱立倫と馬が合わない郭台銘は指名から外された。

注目点は「白」がどう動くかだったが、台湾民衆党の柯文哲《かぶんてつ》党首が同じ5月17日に党の議会で公認候補となることが正式に決まった。

国民党党首も台湾民衆党党首も「藍白合作」を否定はしていない。つまり国民党と台湾民衆党の「連立政権」を模索することにやぶさかではないということだ。「藍白連立政権」ができ上がるのなら、アメリカ頼みの民進党ではなく、少なくとも反中ではない政権へと交代するので、台湾武力攻撃の可能性はしばらくなくなる。

ただ、「藍白合作」が順調に進むかというと、必ずしもそうではなさそうだ。

柯文哲は中国との対話を拒む民進党を「価値のない政党」と批判し中国とは対話すべきだとする一方で、日米をも重視すべきだという姿勢を強く見せている。侯友宜は「九二コンセンサス」に対する姿勢は明示していないものの、中国に対しては融和的で、対話も交流も促進すべきだとしている。そうしてこそ台湾の経済が潤い、安全が保たれると主張している。

政権与党の民進党は候補を一人に絞ったのに対して、野党側は二人が名乗り出ているため票が割れる。しかも二人とも「われこそは！」と非常に意欲的だ。しかし二人は「現状維持」においては一致しそうなので、「自分こそが総統になるんだ！」という「我」を捨て、「台湾の未来」に向けて協力できるか否かにかかっている。

9月12日に総統選立候補者の正式な受付が始まるが、「藍白連立」が分岐点になるだろう。選挙は魔物で、投票日まで何が起きるか予断は許されない。

興味深いのは4月の段階でテリー・ゴウは「中国は台湾との戦争を望んでおらず、自身が総統になれば独立を宣言することはないため、攻撃しないだろう」との見解を示していた。その上で、「私の理解では彼らは戦争を望んでいない。しかし台湾が独立を目指し、独立すれば戦争になる」とも述べている。彼の言葉で印象的なのは、「中国大陸にとって台湾を攻撃することは優先事項ではないのに、むしろ台湾の政治家が選挙で自分が勝つために、中国が攻撃してくると世論を煽っている」と言ったことだ。

まさに、その通り！

「普通選挙」という民主主義国家にある民主的と思われる手段は、実はそのようなプロセスがあるがゆえに、国内世論や国際世論を自分の選挙に有利になるような方向に誘導して人類の平和を乱すという皮肉な特徴を持っている。

一方、【兵不血刃】哲理を貫いている習近平政権は、新チャイナ・セブン（第三期習近平政権における中共中央政治局常務委員7名）の構えの中で、党内序列ナンバー4の王滬寧《おうこねい》を全国政治協商会議の主席に据えた統一戦線を主軸に、これまで中共中央聯絡部（中聯部）の部長をしていた宋濤《そうとう》を中共中央台湾工作弁公室および国務院台湾事務弁公室主任に任命して、習近平とのトライアングルで台湾への「平和工作」を進めていく構えでいる。

だからといってウクライナ戦争「和平案」が国際社会で何らかの影響力をもたらして、台湾での和平工作がうまく進めば、「和平統一」へと移行できるのかと言ったら、必ずしもそうでもない。図表5‐11に厳しい調査結果をご覧に入れよう。

2022年8月と2023年2月における「統一か独立か」に関する調査の結果だ。「台湾独立」に賛成した人の中には「断固独立」は27％しかいないものの、「まあ、独立」も含めれば50％もの人が独立を支持し、「両岸統一」支持者は11・8％しかいない。

2023年2月になると、「台湾独立」支持者が44％にまで減っているものの、相当数いることは確かだ。このうち何％が「断固独立」を主張しているかは執筆時点ではまだデータが出てないので分からないが、おそらく27％は下回っているだろう。

それでもなお現状維持や「どちらかと言えば独立」が多く、「両岸統一」に賛成する人はいずれも10％強しかいないということである。この難題

図表5-11　独立か統一かの民意の変化

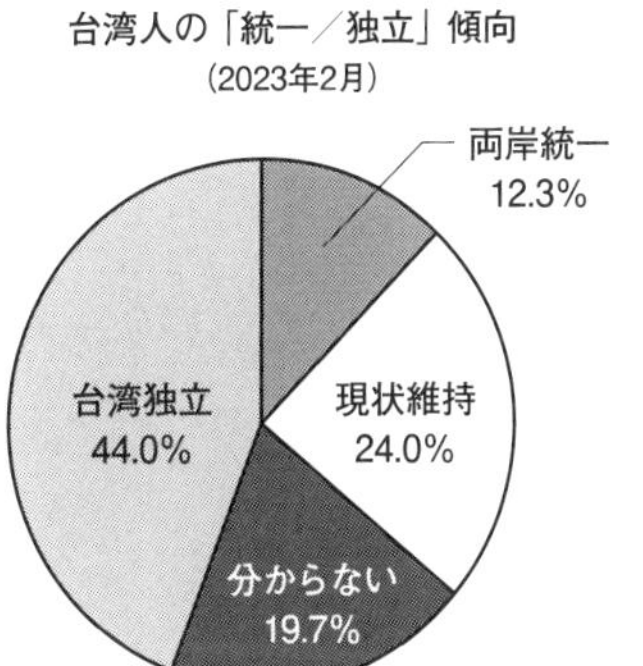

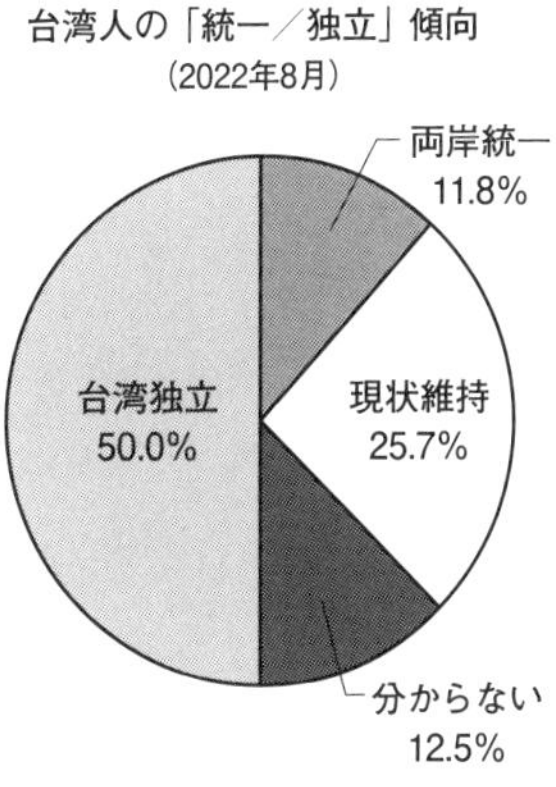

台湾民意教育基金会のデータの一部を筆者が和訳して作成

を習近平政権がどう乗り越えるのかは、今後の勝負どころだろう。

5月15日に、台湾民意基金会が二つの民意調査結果を発表した（図表5-12）。一つは2024年1月の総統選において「民進党政権の継続を望むか？」で「望むが41・7％」で、「望まないが47・3％」。もう一つは同じく2024年1月の総統選で「総統に民進党を望み、同時に民進党が議会の過半数を占めることを支持するか？」という、やや複雑な質問だが、「支持するが40・0％」であるのに対して「支持しないが51・1％」という、やや民進党に不利なデータが出ている。

さあ、ここからこそが「第二のCIA」NEDと習近平の「兵不血刃」の闘いの正念場を迎えることになるだろう。

図表5-12　2023年5月15日の最新の調査

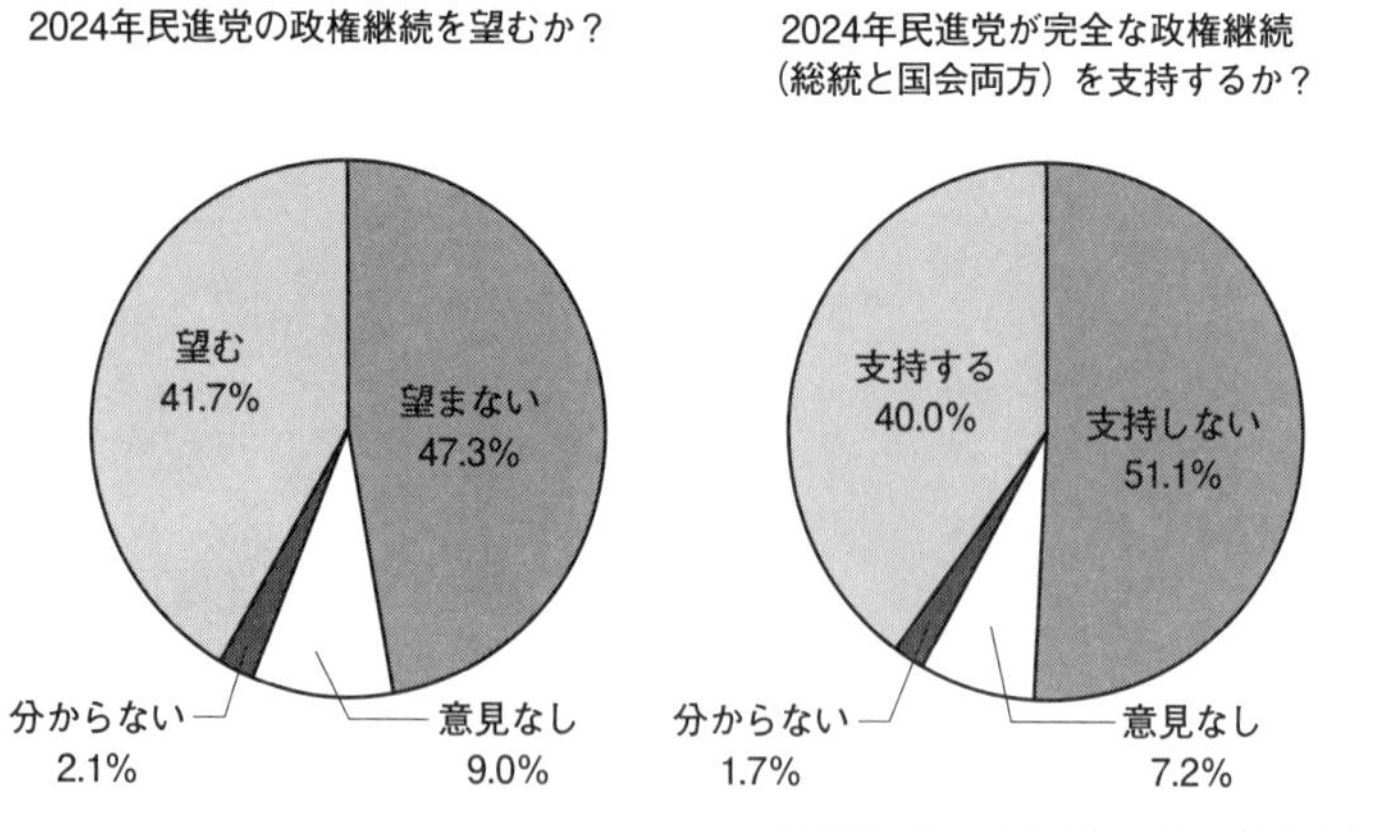

2023年5月8、9日実施、台湾民意基金会

第六章

台湾有事は CIAが創り出す！

一、世界人口の72％が専制主義的な国に住んでいる

民主主義の国家には「普遍的価値観」というのがあって、一般的に「自由、民主主義、基本的人権、法の支配、市場経済……」などを兼ね備えた価値観と解釈されている。人類全体から見ると「先進的西側諸国」に根付いている価値観とみなすことができ、たとえば日本には、中国やロシアのような国を「専制主義的」あるいは「全体主義的」で、「自由や民主や平和」を重視しない「後進的な国」だとみなしている人が多いにちがいない。

こういった専制主義的な国は、「人類の知的レベルの発達度から見たら、野蛮で未発達で文明度が低い」と、民主主義国家は「見下している」かもしれない。そして、先進国が「民度の低い」国々とやや軽蔑的に見ている「専制主義的国家」は、人類のほんの一部分に過ぎず、早いところ発展して先進国が持つ「普遍的価値観」に「追いついてきてほしいものだ」と思っている人も中にはいるだろう。

ところがスウェーデンのV-DEM（Varieties of Democracy Institute／民主主義多様性研究所）2023年レポートに載っている2022年データによると、世界人口の72％（57億人）が「専制主義的な傾向の強い国」に住んでいるという。その分布を図表6-1に示した。

このパーセンテージは、全人類の内で、ロシアに対して制裁をしていない国の人口の割合である「85％」に近く、習近平が構築しようとしている「米一極化から多極化へ」移行する「世

界新秩序」を構成する人口とほぼ重なっている。

これ以外に、V-DEM2023年レポートは、2022年の特徴として、以下のようなことを列挙している。

●平均的な世界市民の民主度（民主主義のレベル）が、2022年には1986年の民主度に戻った。
●多くの地域で民主主義が悪化している。アジア太平洋地域では現在、1978年の民主度にまで下がっている。
●2022年には35ヵ国で言論の自由が悪化している。10年前はわずか7ヵ国だった。
●メディアに対する政府の検閲は、過去10年間で47ヵ国で悪化している。
●市民社会組織に対する政府の弾圧は37ヵ国で悪化している。

V-DEM2023年レポートは「2022年は民主度が非常に後退した1年となった」と書いているが、ここで言う「民主度が低い国」は、必ずしも「絶対主義的で独裁的な国家」を指しているのではなく、民主的選挙制度はあっても実際には「専制主義的傾向にある国」を指している。

たとえばロシアにもインドにも「普通選挙」がある。それを以て民主主義国家と定義するな

ら、ロシアもインドも民主主義国家のはずだ。しかしロシアは言うに及ばず、インドでさえ、実態は非常に専制主義的で、

ユーラシア大陸を北から南に一直線につなぐ「ロシア—中国—インド」という「柱」は、いずれも「専制主義的な国家」の範疇《はんちゅう》に入るのである。

日本は「自由で開かれたインド太平洋」という戦略によって対中包囲網の一つを形成しようとしているが、インドを西側先進国の仲間と位置付けるのは非現実的だ。第二章でも述べたように、インドは中露側のBRICS諸国の一員であるだけでなく、反NATO色彩の濃い上海協力機構のメンバー国であるのを忘れてはならない。

2023年3月20日、岸田首相は、訪問先のインド・ニューデリーにおいて、「インド太平洋の未来〜『自由で開かれたインド太平洋』のための日本の新たなプラン〜〝必要不可欠なパートナーであるインドと共に〟」と題する政策スピーチを行ない、自由で開かれたインド太平洋の新たなプランを発表した。

2022年3月19日にも、岸田首相はインドを訪問してモディ首相と会談した。本来の主たる目的は、ウクライナに軍事侵攻したロシアの横暴に対する批難と日米豪印（クワッド）の枠組みによる対中包囲網の強化のためだったはずだ。

しかし3月19日に発表された「日印首脳共同声明」では、ロシアの「ロ」の字も出てこないし、共同記者会見でもモディ首相は「ロシア」という言葉を口にしなかった。

日米豪印の枠組みに関しても共同声明では「日米豪印の前向きで建設的なアジェンダ、特に新型コロナワクチン、重要・新興技術、気候変動分野における取組、インフラ協調、サイバーセキュリティ、宇宙及び教育において具体的な成果を挙げることへのコミットメントを新たにした」という当たり障りのない文言があるだけで、対中包囲網的な意味合いはまったくない。

もともと、「自由で開かれたインド太平洋」という言葉は、「自由で開かれたインド太平洋戦略」であったものを、「戦略」を「構想」に置き換えて「自由で開かれたインド太平洋構想」に改め、ついには「構想」の文字まで削除して「自由で開かれたインド太平洋」という単なる「地域名」にまで格下げしたのは、習近平の顔色を窺《うかが》ったためだという経緯がある。

そのような経緯の腰の引けたフレーズを共通概念として、「日米豪印枠組み」と言ったところで、中国には痛くも痒《かゆ》くもないだろう。

3月19日、ニューデリー共同は「日印首脳、声明で戦闘停止要求　岸田首相、5兆円投資表明」という見出しで、岸田首相が「日本が今後5年間で官民合わせて5兆円をインドに投資する目標を掲げる」と表明したと報じた。今どき、ここまであからさまに「金で心を買う」行動があるのかと唖然としてしまうが、金でインドの心は買えない。

インドはブラジルとともに、グローバルサウスを代表する国だ。

グローバルサウスは今、なぜこんなにまでアメリカ的西側先進諸国を嫌い、「民主度が低い」

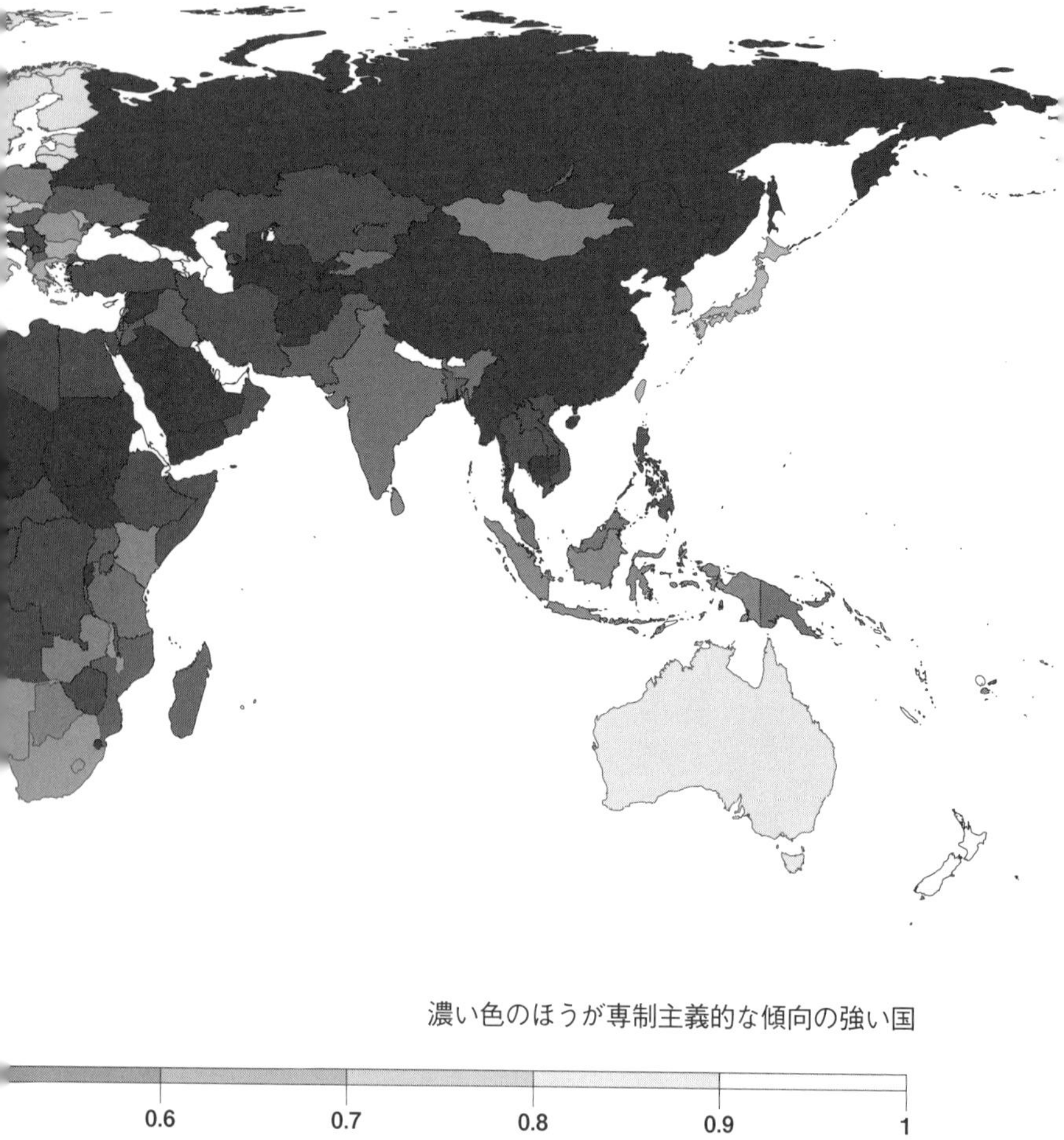

濃い色のほうが専制主義的な傾向の強い国

**図表6-1　世界人口の72%（57億人）が
「専制主義的な傾向の強い国」に住んでいる**

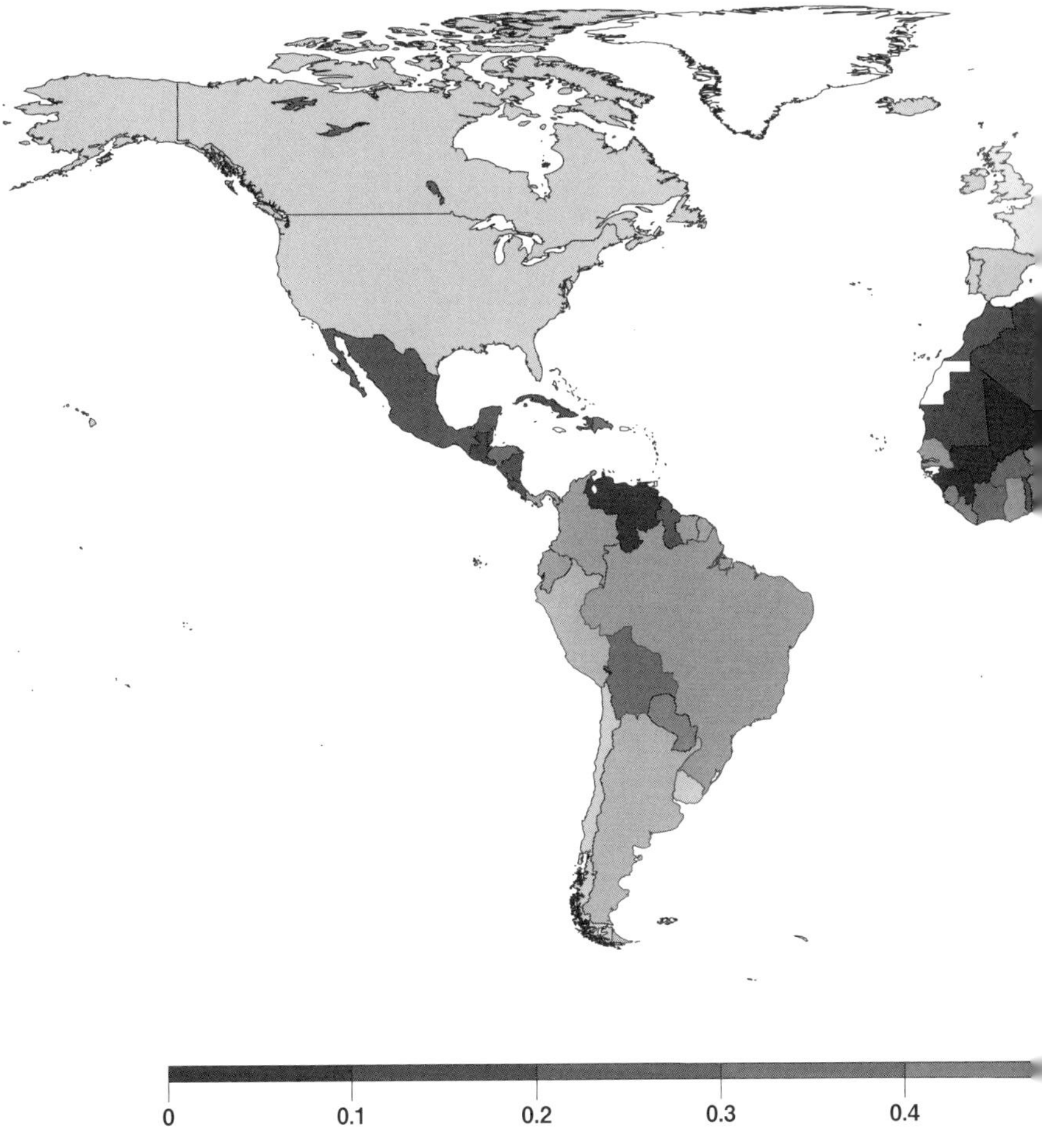

とされる中露を中心に結集しようとしているのだろうか？

それは第二章における中東和解雪崩現象でも述べたように、人類の「85％」はもう、アメリカの一極支配がもたらす弊害とともに、アメリカが「民主」の名を掲げながら、全世界にばら撒いてきた「戦争」と、そこに持って行くための「カラー革命」がもたらした紛争と混乱に嫌気がさしたからだ。

日本を含めた（フランスなどを除く）西側先進諸国には見えていない「世界の平和を破壊する民主主義国家と普遍的価値観」の実態を、残りの人類の「85％」は痛感している。

中でも「民主主義の砦」とも言われている（いた？）アメリカが、これまでどのようなことをやってきたのかを、V-DEMのパラメータにも関係してくる「戦争」に照準を当てて考察してみたいと思う。

二、戦後アメリカが「民主を掲げて」仕掛けてきた戦争の実態

図表6-2に示したのは、朝鮮戦争以降にアメリカが起こした戦争のいくつかを拾い上げたものである。めぼしいものだけをリストアップしたので、不完全資料だ。アメリカの関与の度合いがやや低いものは、このリストから削除した。また、どうしてもこの戦争だけは強調しておきたいという紛争に関しては、少し詳しくリストに書き込んである。

第二次世界大戦後、朝鮮戦争を別として、アメリカのほうから積極的に介入して大規模化させた戦争は数知れない。犠牲者は合計で何千万という数に上り、死者は子供や女性、高齢者などの一般庶民を含めて図表6-2の「1」にあるベトナム戦争だけでも800万人以上に上るので、全体を合計すれば、1千万人以上の数に至るのかもしれない。

兵士だけでなく、無辜の民の命を「戦争ビジネスの回転」のために奪っているとも言えよう。それも、たとえばベトナム戦争における枯葉作戦などは多くの奇形児を何世代にもわたって生み、ナパーム弾やクラスター爆弾などを含めて、その非人道性、残虐性は目を覆うばかりだ。

アメリカは1961年からベトナム内戦に介入を始めていたが、1964年にアメリカは「トンキン湾事件」を捏造《ねつぞう》して内戦を大規模化し、ベトナム内戦を米ソ対立の大戦場へと拡大化させていった。全世界で「ベトナム戦争反対」の声が高まり、その世界的批難を回避するためにも、第五章で述べたキッシンジャーの忍者外交から始まる米中国交正常化への道が模索されたわけだ。

図表6-2の「3」にあるラオス内戦では、アメリカ軍による空爆は58万回にも及び、ラオス人1人当たり1トンの爆弾を受けたというほど、爆撃しまくった。人類史上最多の爆撃回数と爆弾量だ。

戦争ビジネスで成り立っているアメリカは、砲弾を絶え間なく大量に消耗していかないと、国家財政が成り立っていかない。空の下には人間がいることなど考えもせずに、絨毯《じゅうたん》爆撃をく

No.	時期	紛争名	概要
12	1991–2003	イラクの飛行禁止区域施行作戦	イラク軍の武装解除を目的に、飛行禁止区域を設置し空爆。
13	1992–1995	ソマリア内戦への第一次介入	国連の国連安保理はPKO国連ソマリア活動のため、アメリカ軍を中心とする多国籍軍を派遣。
14	1994–1995	ボスニア・ヘルツェゴビナ紛争	ユーゴスラビアから独立したボスニア・ヘルツェゴビナで1992年から内戦が続いたが、94年に入ると、アメリカの介入により内戦が大規模化。アメリカはセルビア人勢力と敵対するクロアチア人勢力をワシントンに呼んで支援し、セルビア人勢力弱体化を図り、NATOに複数回の空爆を行なわせた。
15	1994–1995	ハイチ介入	軍政となったハイチにアメリカ軍を主力とする多国籍軍が介入。
16	1998–1999	コソボ紛争	コソボ紛争末期にNATOによる大規模な空爆。
17	2001-2021	アフガニスタン紛争	アルカイーダの庇護者とみなされたタリバン政権の転覆のために侵攻。
18	2002-現在	イエメンへのドローン攻撃	イエメンのアルカイーダをドローンで空襲。
19	2003–2011	イラク戦争	イラクが大量破壊兵器を保持しているという偽情報に基づいて、国連決議を経ずにイラクに侵攻。大量破壊兵器はなかったが、8年間に及ぶ攻撃で中東諸国に多大な犠牲。
20	2007–現在	ソマリア内戦へのアメリカの第二次介入	イスラム法廷会議を「アルカイーダに操られた組織」と、一方的に断定して介入。
21	2009–2016	オーシャン・シールド作戦	ソマリア沖の海賊対策の派遣。
22	2011	リビアへの国際介入	カダフィ政権の崩壊を目指すためにリビア内戦へ介入。
23	2011–2017	オブザーバント・コンパス作戦	ウガンダの反政府武装勢力「神の抵抗軍」を掃討。
24	2015–2019	アメリカのリビア介入	ISIS（イスラム国）に対する国際的戦役の一環として介入。
25	2014–現在	イラクへのアメリカ主導の介入	ISIS（イスラム国）に対する国際的戦役の一環として介入。
26	2014–現在	シリアへのアメリカ主導の介入	ISIS（イスラム国）に対する国際的戦役の一環として介入。

筆者作成

図表6-2　朝鮮戦争以降にアメリカが起こした戦争

No.	時期	紛争名	概要
1	1955-1975	ベトナム戦争	アメリカは1961年から内戦に介入し、1964年にトンキン湾事件を捏造して大規模な米ソ代理戦争に発展。アメリカによるクラスター爆弾、ナパーム弾、枯葉作戦など残虐を極めた爆撃。犠牲者数813万人、そのうち民間人死者458万人。
2	1958	レバノン危機	親米的なマロン派キリスト教政権に対するアラブ人の蜂起に対して、アメリカがレバノンに海兵隊1万人を上陸させ鎮圧した。
3	1959-1975	ラオス内戦	ラオス内戦に介入し、北ベトナムを相手としてアメリカが仕掛けた代理戦争。別名：アメリカCIAの「秘密戦争」。アメリカのラオスへの空爆回数は約58万回。９年間、8分に1回の空爆。爆弾量は200万トン以上。ラオス人1人当たり 1トンの爆弾。史上最多。
4	1961	ピッグス湾事件	1959年1月キューバ革命後に誕生したカストロ革命政権に敵意を示したアメリカは1961年1月にキューバと国交断絶し、カストロ政権転覆のためCIAを中心にキューバ侵攻計画を進め、キューバ軍機に偽装した爆撃機でキューバを爆撃し、ピッグス湾に上陸侵攻した事件。
5	1965-1966	アメリカ軍によるドミニカ共和国占領	内戦中のドミニカが「第2のキューバ」になることを恐れ、米軍を派遣しドミニカを占領。
6	1970-1991	カンボジア内戦	第二次世界大戦後に誕生したシハヌーク国王下でのカンボジアにアメリカが介入し、ロン・ノル政権を誘導してシハヌークを国外追放し、22年間にわたる内戦を引き起こした。ベトナム戦争遂行のためにカンボジアに親米的な政権を作るのが目的。
7	1983	グレナダ侵攻	グレナダでクーデターが起きて、共産主義政権が誕生したため米軍が侵攻し、グレナダ革命軍事評議会政権を崩壊させた。アメリカが侵攻の理由として表明した中に、「グレナダの民主主義を守ること」などがある。
8	1983-1988	タンカー戦争	イラン・イラク戦争中のイランに対する大規模報復攻撃、さらにイラン航空のエアバスA300を撃墜し、民間人290人を殺害。アメリカはイラン革命政権に対する決定的な対決姿勢を貫いた。
9	1986	リビア爆撃	アメリカ空・海軍によって行なわれたリビア（アメリカの経済制裁対象国）に対する爆撃。リビアの最高指導者のムアンマル・カダフィの暗殺が目的。
10	1989-1990	パナマ侵攻	パナマ運河への既得権を守ろうして、反米的なノリエガ政権を排除するために侵攻。1988年にレーガン大統領は「パナマに民主主義が建設されるまでは制裁を続ける」とし、パナマ運河使用料支払い停止を発表した。
11	1990-1991	湾岸戦争	1990年8月2日のイラクによるクウェート侵攻に端を発し、アメリカのG・H・W・ブッシュ大統領は8月7日にサウジアラビア防衛支援の名目でアメリカ軍の派遣を決定、同盟国、友好国に軍事的・財政的協力を強く要請。アメリカ軍50万を中核とする多国籍軍が1991年1月17日にイラク攻撃の「砂漠の嵐」（爆撃し尽くす）作戦を決行。アメリカ政府は中東での戦争をきっかけに新世界秩序（New World Order＝NWO）構築を掲げたが成らず。世界の憲兵を自負するアメリカの大国主義（覇権主義）に国連の大国主義が追認した形。

り返してきた。
このことに関して、『マニュファクチャリング・コンセントⅠ・Ⅱ』（トランスビュー、2007年、中野真紀子訳。原著初版は1988年で2002年に改訂版。2007年にトランスビューから翻訳出版されたこの本は2002年版に基づく）の著者であるノーム・チョムスキーとエドワード・S・ハーマンは、日本語版Ⅰ巻44頁目で、以下のように述べている。

ラオスの人為的大災害

ラオスのジャール平原は、民間人を標的としたものでは史上もっとも激しい爆撃にさらされた。特に激しくなったのは、一九六八年以降のことだ。この年、アメリカ政府は国内の圧力から北ヴェトナムとの和平交渉を余儀なくされ、そのために北爆を停止する必要に迫られていた。アメリカはそこでラオスに鉾先を転じた。この小さな農民の国は、この戦争に重要性はなかったのだが、ニクソン大統領とキッシンジャー補佐官は、アメリカの爆撃機を稼動させずに放置するわけにはいかなかったのだ。

全部でおよそ二〇〇万トンの爆弾が、ラオスに落とされた。この空爆は、三百五十三カ所の村を全滅させ、何千人もの民間人を殺した。そして今なお殺しつづけている。ジャール平原には何億という（クラスター爆弾の）「子爆弾」（超小型の対人兵器で、相手を殺したり、障害者にすることを狙ったもの）が、そこら中に埋まっているからだ。その二〇パーセントから三〇パーセントが不発弾であるため、それらは潜在的な殺人兵器でありつづける。現在も殺傷率は高く、犠牲者の数は年間に数百人から二万人以上までの幅で推定されている。その半分が死亡しており、また犠牲者の半数は子供たちである。

この文章の中で、最も注目されるのは、以下の部分だ。

ニクソン大統領とキッシンジャー補佐官は、アメリカの爆撃機を稼動させずに放置するわけにはいかなかったのだ。

これほど恐ろしい事実はない。第五章で述べたキッシンジャーの忍者外交とニクソンによる米中国交正常化への動きと、その後の「中華民国」台湾との国交断絶も、実は武器商人であるアメリカの思惑と深く関係している。

このラオス内戦は、今では「ベトナム戦争」の陰に隠れたCIAが仕掛けた「秘密作戦」として知られているが、CIAが仕掛けた「秘密作戦」以上に恐ろしいのは、これを西側諸国の大手メディアは「公開してはならないこと」のように扱い、「アメリカの顔色をうかがってきた」という事実である。

こういった対応が孕《はら》んでいる「次の戦争を生むリスク」に関しては本書の終章で考察する。

それは本章の四で明らかにするように、「台湾有事」であり、死ぬのは日本人だ。
さて、図表6-2の「10」のパナマ侵攻では、アメリカが「パナマに民主主義が建設されるまでは制裁を続ける」としているのも、注目点の一つだ。
「11」にある「湾岸戦争」では、

「アメリカ政府は中東での戦争をきっかけに新世界秩序（New World Order＝NWO）構築を掲げた」

というのも、本書のテーマである、

「習近平が、アメリカによる一極支配から多極化に移行して世界新秩序体制を構築する」

という戦略と対を成していて、非常に興味深い。しかも、

アメリカは「中東での戦争をきっかけに」

とあるように、アメリカはあくまでも「戦争を軸として世界新秩序を形成しよう」としているのに対して、

中国は「中東の和解外交をきっかけ」として

と、あくまでも「和解を軸として世界新秩序を構築していこう」というのだから、そこに鮮明な違いがあることが見て取れる。
これらを一つ一つ説明していくわけにはいかないが、全体を通しての特徴は、アメリカには「共産圏をこの世から駆逐する」という大義名分はあるものの、そのほとんどの手段は「内戦」

や「内紛」、あるいは当該国の政権への「反対勢力」や「抵抗勢力」があった時に、「政権を転覆させる勢力」に加担して政権転覆を謀《はか》るというのが非常に顕著に表れていることだ。

ほかに「おやっ？」と思うのは、2014年以降に戦争がないということである。

これは2016年にドナルド・トランプが大統領に当選し、「アメリカ・ファースト」を唱え始めたからだ。トランプ元大統領は「**NATOは要らない**」とさえ豪語した。それに合わせてフランスのマクロン大統領も「NATOは脳死している」と言ったことは第三章で述べた通りだ。次節で述べるNEDに関しても、トランプは興味を持っていなかった。ネオコン（アメリカの新保守派＝ネオコンサバティブ）ではないからだ。ネオコンは1970年以降にアメリカ民主党のリベラルタカ派から独自に発展したもので、「民主を輸出する」ことを名目に他国に干渉し戦争を惹起させる。

トランプはむしろ、北朝鮮の金正恩《キムジョンウン》と仲良くして、朝鮮戦争以来の朝鮮半島問題を劇的に改善しようとした。キッシンジャーと同じように、ノーベル平和賞が欲しかったのだ。だから安倍元首相にもノーベル平和賞へのノミネートを依頼していた。

それを阻止したのは当時のボルトン国家安全保障問題担当大統領補佐官だ。北朝鮮に平和が訪れたら困るのである。戦争ビジネスが成り立たなくなっていくからだ。こうしてアメリカが初めて見せた和解外交は、バイデン大統領によって一瞬で消えた。二人ともネオコン系列だ。

それでは、アメリカはこれまで何をやってきたのか、そしてバイデン政権は何をやっているのかを、次節で詳細に考察したい。

三、戦後アメリカが仕掛けてきたカラー革命と「第二のCIA」NEDの実態

図表6-2で示した、戦後アメリカが起こしてきた多くの戦争は、基本的にCIAなどの諜報機関が秘密裏に潜伏して実行していた。なぜ秘密裏かというと、他の国の政党に米政府の資金を投入してはならないという法律があるからだ。しかし、CIAによる秘密手段のみに頼って他国に内政干渉するのには限界を感じて、1983年に当時のレーガン大統領の下で、**ネオコン主導で**超党派および民間非営利団体であるとする全米民主主義基金(National Endowment for Democracy, NED、以降NED)を設立した。名目上は「他国の民主主義を支援する」非政府組織だが、実際はホワイトハウスと米議会の継続的な国家財政支援に依存しており、米政府の命令に従って、**世界中の多くのNGOを操作および支援して**、アメリカ的価値観を「標的国・地域」に輸出し、「標的国・地域」における政府転覆や民主化運動の浸透を実行してきた。

他国の野党に米政府が直接投資して政府転覆をするのではなく、NEDという(表面上の)「非政府組織」が**他国の「市民団体など」に投資して政府転覆を目指すための抗議デモなどを実行させる**という手段に出ることにしたわけだ。こうすればアメリカの法には触れない。

NEDの支援を受けて新しく誕生した他国の新政権は、当然「親米」となる。こうして親米諸国をできるだけ世界中に増やして世界をアメリカの言いなりにさせると同時に、紛争や戦争が起きるので武器を必要とし、アメリカの戦争ビジネスが儲かるという仕組みなのである。

　これまでCIAが担ってきた役割を、NEDに肩代わりさせて**「民主を輸出」**し、**「民主の武器化」**を始めたのだ。

　NEDの共同創設者であるアレン・ワインスタインは、1991年にワシントンポストのインタビューを受けて、「私たちが現在行なっていることの多くは、CIAが25年前から秘密裏に行なってきたことです」と率直に述べた。したがって、NEDは**「第二のCIA」**と国際的には呼ばれている。アレン・ワインスタインの発言が真実である証拠に、図表6-3を示す。

　NEDは、旧ソ連の崩壊、ジョージアの「バラ革命」、ウクライナの「オレンジ革命」、「アラブの春」など、一連の「カラー革命」を先導してきた。国際社会で名が通っている主なカラー革命を列挙すると、図表6-4のようになる。

図表6-3　NEDの共同創設者かく語りき

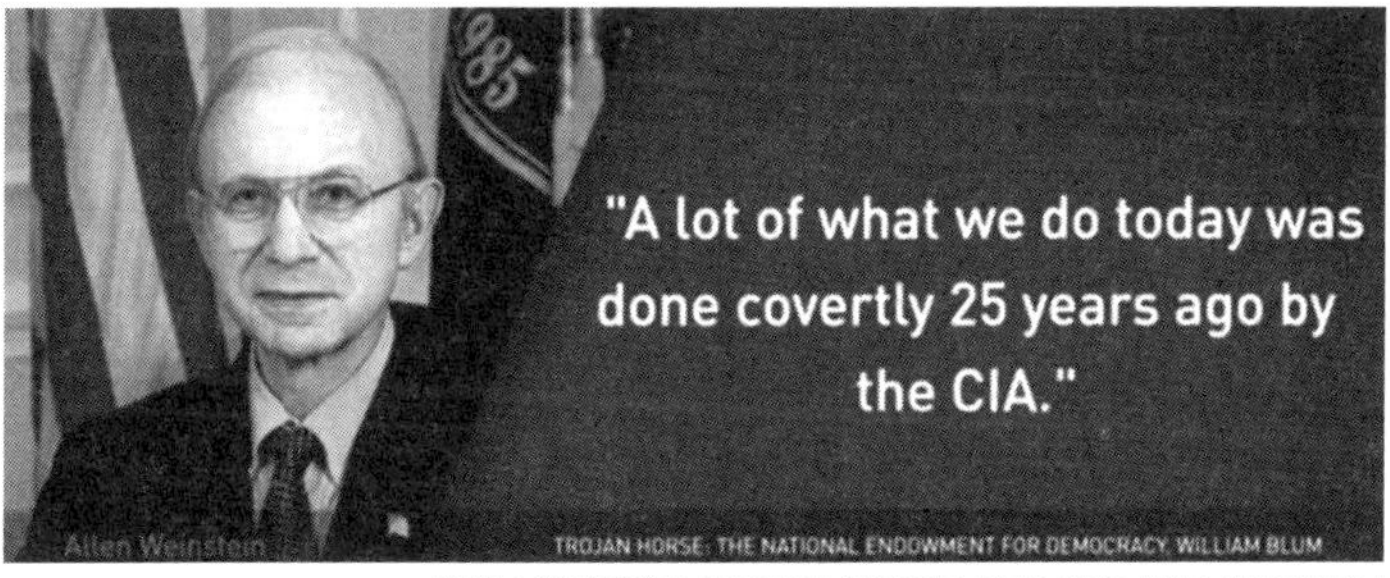

出典：米財務省＆TROJAN HORSE: THE NED, WILLIAM BLUM

図表6-4 「第二のCIA」NEDが起こしてきたカラー革命

日付	名前	対象国・地域
1986年2月	黄色革命	フィリピン
1988年12月	ココナッツ革命	パプアニューギニア
1989年11月	ビロード革命	チェコスロバキア
2000年10月	ブルドーザー革命	セルビア
2003年11月	バラ革命	ジョージア
2004年2月	第二のバラ革命	アジャリア（ジョージア）
2004年10月	タンジェリン革命	アブハジア（ジョージア）
2004年11月	オレンジ革命	ウクライナ
2005年1月	紫の革命	イラク
2005年2月	チューリップ革命	キルギスタン
2005年2月	杉の革命	レバノン
2005年3月	青い革命	クウェート
2006年3月	ジーンズ革命	ベラルーシ
2007年8月	サフラン革命	ミャンマー
2007年11月	ブルシ運動	マレーシア
2009年4月	モルドバ暴動	モルドバ
2009年6月	緑の運動	イラン
2010年4月	メロン革命	キルギスタン
2010年12月	ジャスミン革命	チュニジア
2011年1月	エジプト革命	エジプト
2011年1月	2011年イエメン騒乱	イエメン
2011年2月	2011年バーレーン騒乱	バーレーン
2011年2月	中国ジャスミン革命	中国大陸・香港・マカオ・台湾
2011年11月	雪の革命	南オセチア（ジョージア）
2011年12月	雪の革命	ロシア
2014年2月	マイダン革命	ウクライナ
2014年3月	ひまわり革命	台湾
2014年9月	香港雨傘デモ	香港
2016年4月	カラフル革命	マケドニア
2018年3月	ビロード革命	アルメニア
2018年11月	黄色いベスト運動	フランス
2019年10月	10月革命	レバノン
2019年10月	2019年ボリビア抗議	ボリビア
2020年5月	2020年ベラルーシ反政府デモ	ベラルーシ
2020年10月	2020年キルギス反政府運動	キルギスタン
2022年1月	2022年カザフスタン反政府デモ	カザフスタン

筆者作成

ここで中国関係に関して文字を白抜きで示したのは、問題を台湾に絞り込んでいきたいからだ。

まず2011年2月の「中国ジャスミン革命」は、2011年2月20日（日）北京時間午後3時に、中国本土の主要都市（北京、上海、天津、南寧、成都、ハルビン、瀋陽、ウルムチ、広州など）の繁華街や広場で、**インターネットを通して始まった**民主化運動だ。マカオ、香港、台湾をはじめ、アメリカのニューヨークでも同時に発生した。

写真6-5に示したのは北京におけるデモの様子だ。

「ジャスミン」という名前は同時期にチュニジアの「ジャスミン革命」が起き、いわゆる「アラブの春」が連鎖反応的に続いていたので、その名にちなんで「中国ジャスミン革命」と呼ばれている。

興味深いのは、「中国ジャスミン革命」が全国一斉に同時多発的に起きたということで、この発生形態は、2022年11月26日から28日に掛けて、中国各地でほぼ同時に起きた反ゼロコロナ抗議デモ、いわゆる「白紙革命」とそっくりであることだ。

日本のメディアでは、「白紙革命」は若者たちが「自発的に起こしたものだ」として高く評価する傾向にあるが、もし「自発的に起

写真6-5　2011年2月20日の北京の王府井におけるデモの様子

出典：the Daleks, CC BY-SA 3.0, via Wikimedia Commons

きた」のなら、なぜ「白紙を掲げる」という形式までが全国一斉に一致し、しかも、またもやニューヨークでも同じ形式の「白紙デモ」が起きたのか。

そこで叫ぶシュプレヒコールまで同じだ。

誰が考えても、「中国ジャスミン革命」の時と同じように、ネットで通知し合い、白い紙を掲げましょうと約束し合ってこそ、全国一斉に同時多発的に同じ現象が起き得る。

そこで「白紙革命」の背後に何があるのか、ととことん追いかけて突き止めたところ、そこにはやはりNEDがいたのである。

背後で動いていたDAO（Decentralized Autonomous Organization、分散型自律組織）の組織名は、「全国解封戦時総指揮中心」（全国封鎖解除　戦時総指揮センター）で、その正体は香港を通してニューヨークで活躍しているNEDと香港を結んでいる拠点だった。

この大もとはWhite Paper Citizen DAOで、英語で書かれている。White Paperは文字通り「白紙」で、White Paper Citizenは「白紙公民」と中国語に訳されている。そのウェブサイトには「使命」や「基本原則」などが書いてあり、そこには「白い紙を掲げること」などが要求

図表6-6　全国封鎖解除 戦時総指揮センター

出典：White Paper Citizen DAO

されている。

デモが発生した場所も、発生前にＤＡＯの宣伝部が指示していた都市名と一致している。「ウルムチ」地区のリンク先には「乱民党が台湾を武装統一する」と書いてある。そこには私の古い友人でＮＥＤと関係している人物の写真が貼り付けてあった。

総指揮センターの中の「宣伝部」を見ると、もっと不思議な現象にぶつかってしまった。そこには呼びかけ人の具体名として**nyuhksag**というのがあったのだ。これは**Hong Kong Student Advocacy Group（hksag）–NYU（New York University）**という意味だ。Hong Kong Student Advocacy Group（香港の学生を支援するグループ）は２０１９年に「ニューヨーク大学の学生が香港の学生たちを支援して、民主や人権など政治問題に関して香港に影響をもたらすために設立した組織」である。

これこそは、香港の学生デモを支援する民主化運動の中心地で、実はニューヨーク大学で国際関係の業務を担っていたクリストファー・ウォーカーは今ＮＥＤの副会長を務めている。

そして香港の雨傘運動（オキュパイ・セントラル運動）などの「神」にも近いリーダーであった李柱銘（マーチン・リー）は古くからＮＥＤと深く関わっており、陳方安生（アンソン・チャン、香港政府の元政務司司長）とともに雨傘運動があった２０１４年の４月２日にワシントンで開催されたＮＥＤとのトークに出演している。トークのタイトルはWhy Democracy in Hong Kong Matters（なぜ香港の民主主義が重要なのか？）だった。ＮＥＤ側のアンカーを務めたのは

NED地域理事長ルイサ・グレーブだ。

香港側の二人は、NEDにオキュパイ・セントラル運動の性格、狙いや要求などを説明している。李柱銘は「中国本土を、もともと香港にあった欧米流の機構や法律あるいは権益で染めることが香港の役割だ」と強調している。

この動画をスクープしたのは、Land Destroyer（中国大陸破壊者）というウェブサイトのトニー・カルタルッチ（Tony Cartalucci）で、公開された日時は2014年10月5日である。

これにより図表6-4にある、2014年9月における香港の雨傘革命も、背後にはNEDがいたことが明確になった。

一方、NEDが中国に関して「民主と独立」を支援しているのは香港だけでなく、「台湾、ウイグル、チベット」を含めた4地区の「民主と独立」だ。

写真6-7　左から李柱銘、陳方安生、NEDの地域理事長ルイサ・グレーブ

出典：LD（Land Destroyer）

香港や台湾にいつからNEDが浸透し始めたのかに関しては、次節で図表6-4の2014年3月にある台湾での「ひまわり革命」とともに詳細に考察したい。

四、「台湾有事」を創り出すのはCIAだ！

まずすでに公けになっており、広く報道されていることから書こう。

NEDは2003年に、台湾に財団法人「台湾民主基金会」を設立させている。

NEDとこの基金会の関係に関して、台湾はこれまで「中華民国（台湾）外交部が提案して設立した」ということ以外、その詳細な経緯や真相をなかなか明確にはしてこなかったのだが、2022年3月27日にNEDのデイモン・ウィルソン（Damon Wilson）会長率いる一行が台湾を訪れた時に非常に明確になった。ウィルソンは台湾滞在期間中、蔡英文総統、行政院の蘇《そ》貞《てい》昌《しょう》院長（＝首相）、立法院の游錫堃《ゆうしゃくこん》院長（＝国会議長）を表敬訪問したほか、外交部の呉《ご》釗《しょう》燮《しょう》部長主催の宴会に出席したり、市民団体との交流を深めたりした。

こういった流れの中で台湾外交部は3月28日早朝に以下のようなニュースリリースを発表したと、TAIWAN TODAYが伝えた。

NEDはこれまでも頻繁にわが国の政府と交流を持ち、わが国の民主主義の進展を見守ってきた。NEDの積極的な働きかけもあり、わが国では2003年に「台湾民主基金会」が設立された。双方はさまざまなプロジェクトの推進で協力し、インド太平洋地域における民主主義や人権の普及に努めている。ウィルソン氏にとっては、2021年7月の会長就任以降、初めてのアジア訪問となる。その最初の立ち寄り先に台湾が選ばれたことは、NEDの台湾重視の姿勢を示すものだ。

ウィルソン会長は訪台期間中に記者会見を開き、NEDが「台湾民主基金会」等の市民団体と協力し、今年10月24日から27日まで、台北市（台湾北部）で「World Movement for Democracy（世界民主運動）」世界大会を開催することを宣言する。同大会が台湾で開催されるのは初めてのこと。これは、台湾の民主主義の成果が国際社会に広く認められたことを意味するだけでなく、今年1月の「民主主義サミット（Summit for Democracy）」で台湾が提示したコミットメント（各国政府が自国内、そして国外での民主主義推進に向けて実行する事柄）の一つを実現することでもある。外交部はこれを心より歓迎する。（棒線筆者）

ここまで明確なメッセージは滅多に見られない。

つまり、「第二のCIA」NEDは2003年（の遥《はる》か）前から台湾に潜り込み、2003年についに正式にNEDのカウンターパートとして台湾に「NED台湾版」であるところの「台湾民主基金会」を設立するに至ったということになる。

設立趣意書には「世界中に民主主義を促進することを目的とする」とある。NEDの設立趣意の柱と完全に一致している。

これはすなわち、

台湾の民意や政治をコントロールするのはアメリカCIAである

ことを意味する。

このような中で2014年3月18日に「ひまわり革命」(ひまわり学生運動)が起きた。学生と市民らが立法院(日本の国会に当たる)を占拠した学生運動から始まったものだ。

3月17日、立法院では中台間のサービス分野の市場開放を目指す「サービス貿易協定」の批准に向けた審議を行なっていたが、与野党が携帯式スピーカーを持ち込んで、100デシベル程の「騒がしい言い合い」になり、時間切れを理由に一方的に審議を打ち切ったため、反発が広がった。

当時は中国大陸への経済依存が進行した香港で中国大陸からの圧力が高まり、台湾では「今日の香港は、明日の台湾」といったスローガンが叫ばれた。

というのも、2016年までは親中の国民党の馬英九が「中華民国」台湾の総統をしており、馬英九は「平和裏に台湾統一へ移行」しそうな雰囲気を出していたし、「九二コンセンサス」にも賛同を表明していた。ひょっとしたら馬英九と習近平の対面会談が実現するかもしれないという中台蜜月が動いていた。

アメリカとしては何としてもそれを防ぎたかったものと判断される。

平和統一などされたら、中国の繁栄が保障され、中国経済がアメリカを抜いてしまう。おまけに世界最大の半導体受託企業であるTSMCなど、巨大な最先端の半導体産業群が台湾にはある。これを中国大陸に渡すわけにはいかないとアメリカは考えただろう。それに、

——中国が台湾の半導体産業を大陸の中に組み込んでしまったら、中国が圧倒的な世界一の国家として輝くことは目に見えている。それだけは何としても食い止めなければならない。2010年には中国のGDPが日本を抜き、世界第二位に躍り出てしまった。アメリカのGDPに近づきつつある。このまま放っておけば、GDP増加率から見て、中国はやがてアメリカを追い抜くかもしれない。しかも最先端のハイテクを中国大陸が自分のものにしてしまえば、アメリカの権威は一気に地に落ちるだろう。

そんなことがあっていいはずがないと、アメリカは危機感をつのらせたにちがいない。どんなことがあってもそれを食い止めるために、「第二のCIA」NEDが動き始めたのだ。その証拠にひまわり学生運動が終わると、その指導者たち（以下代表団）はアメリカに招待され、アメリカに「一つの中国」政策を中国にやめさせるようにしてほしいと訴えている。2014年8月23日にTAIPEI TIMES（台北時報）が伝えている。

訪米した代表団は、ひまわり学生運動を起こした学生が多く、米議会議員のメンバーや国務省当局者などとも会談している。代表団の一人である国立台湾大学・政治学の学生は、今回の学生運動に参加した若者たちは、中国の「一つの中国」政策を受け入れることができないと考えており、「馬英九総統が中国の習近平国家主席と会談した場合、ひまわり運動は躊躇《ちゅうちょ》せずに

何らかの形の政治的抗議行動を取るつもりだ」と語っているとのこと。

　これはすなわち、「第二のＣＩＡ」ＮＥＤが、台湾の若者の「民主に憧れを持ちそうな心」を操作して、中国が「台湾平和統一」できないように背後でうごめいていたと言うしかないだろう。もちろんどの国にも民主に憧れる若者はいる。ＮＥＤはそれを利用し操るということだ。

　興味深いことに、２０１４年3月26日の台湾メディア「自由時報」電子版は「ひまわり革命」とウクライナの「マイダン革命」との類似性を比較している。

　それによれば、3月24日のアメリカの「ビジネスウィーク」は、「ひまわり革命によって非常に困難な政権運営に追い込まれた馬英九は、親ロシアの元ウクライナ大統領ヤヌコーヴィチが欧州連合との貿易協定に署名することを拒否し、その結果、ウクライナの人々を街にくり出させる結果を招き、激しい暴力行為が展開されたのと似ている」と書いていると報道している。

　この「ウクライナの人々を街頭にくり出させた」のは「第二のＣＩＡ」ＮＥＤであり、当時のバイデン副大統領とヌーランド国務次官補であったことは第一章で写真を付けて解説した通りだ。それだけではない。図表6-4の２００４年11月にウクライナで起きたオレンジ革命も、親露派のヤヌコーヴィチが大統領に当選したのに対して、それを転覆させるためＮＥＤが動いていた。

　これだけでは信じられない読者の方々もおられるかもしれない。そこで、カラー革命という名称で呼ばれてはいなくても、ＮＥＤがどのように活躍してきたかを、ＮＥＤ情報に基づいて列挙したいと思う。

先述したように、ＮＥＤの経費は国家財政を使用しているため、その使途に関して明示しなければならない仕組みになっている。したがってＮＥＤのホームページには毎年会計報告が掲載されている。過去3年をまとめて、一定期間が過ぎると削除されてしまうが、世界のあちこちの政府やシンクタンクなどのデータバンクに、過去のデータが保存されている場合もある。

本稿執筆時点（2023年4月～5月）でＮＥＤ自身のホームページに記載されているものとしては、たとえば2022年に公開された中国大陸におけるＮＥＤの活動に関する情報https://www.ned.org/region/asia/mainland-china-2021/に、「MAINLAND CHINA 2021」（中国大陸2021）という形で会計報告が載っている。

それは香港やチベット、新疆ウイグル自治区などに関しても個別に掲載されており、全世界の「ＮＥＤ標的国・地域」のデータを拾い上げるのは、目が回るような作業だ。それでも何としても真相を見極めたいという強烈な追究心からまとめたのが、図表6-8に示した「第二のＣＩＡ」ＮＥＤの活動一覧表である。これらはすべて、ＮＥＤのホームページから拾い集めた情報である。ただし、会計報告に掲載されていないイベントなどもあるので、それらは特定の予算からさかのぼって、個々別々に何が起きていたかを調べるしかなかった。

また「中華民国」総統領府から見つけた情報を基にＮＥＤホームページにたどり着けたものもあるし、2021年のキューバにおける反政府デモに関してもキューバ・ニュース＠ブログ

図表6-8 「第二のCIA」NEDの活動一覧表

番号	年月日	紛争・煽動	標的国・地域
1	1983年～	1983年にNEDを設立した直後、最初のプロジェクトにニカラグアにおける親米勢力の支援が含まれている。1984年～1988年の間、ニカラグアの反政権派に約200万ドルの資金提供をし、1990年ビオレタ・チャモロの大統領当選を支援した。さらに2016年～2019年の間、ニカラグアの反政権派団体に少なくとも440万ドルを提供し、これらの団体は2018年のクーデターで活躍し、大統領暗殺を呼びかけた。	ニカラグア
2	1989年	ポーランド独立自主管理労働組合「連帯」に資金提供し、政府転覆を支援。	ポーランド
3	1989年～	バシール大統領が就任した1989年からNEDがスーダンに入って活動し始め、若者の民主化運動のためのトレーニングを長年実行した。2019年のクーデターによりバシール政権崩壊。2020年にはクーデターの中心になった「市民社会の訓練と開発のための地域センター（RCDCS）」にNEDの民主主義賞を授与した。	スーダン
4	1991年～	NEDは、1991年に「民主主義」賞、1999年以降に「民主主義功労勲章」を毎年授賞し、さまざまな国の反体制派への米国「民主主義の輸出」を支援することを奨励。	
5	1992年～1996年	1992年からモンゴルの反政権党側に党員募集、組織建設、選挙活動などの訓練をし、1996年のモンゴル議会選挙に深く介入した。	モンゴル
6	1994年～	香港人権観察、香港職工会連盟などの組織を支援し、デモ活動するよう指導。1994年～2018年まで1000万ドル以上の資金提供をした。	香港
7	1994年	NEDのカール・ガーシュマン会長が台湾訪問し、NEDへの参加を勧誘。	台湾
8	1995年8月	『第三の波』の著者サミュエル・P・ハンティントンの生徒である台湾新聞局局長胡志強が発案し、NEDと一緒に大規模な民主主義国際会議を開催した。これが後の台湾民主基金会の設立につながる。	台湾
9	1997年～	1997年から18のレポートを発表し、香港の「民主化」に影響を与えようと試みた。2002年香港にNEDの下部組織全米民主国際研究所（NDI）の香港事務所を設立し、2003年反政権派による基本法第23条立法に反対する「7.1デモ」を支援。2004年反政権派へ資金提供、選挙技術を伝授し、2005年青年政治リーダー・プロジェクトを開催し、政府に対抗する新興政治団体を育て、2006年香港移行期間研究プロジェクトに資金提供。2007年には香港での活動を四分野に分割し、2008年学生サミットを開催し、2010年反政権派の立法委員と「五区公投」を企画。2012年香港大学で普通選挙のサイト設立を支援。2014年のオキュパイ・セントラルデモを指示し資金提供。2020年、NEDの香港に関するプロジェクトが11個もあり、金額は200万ドルに及ぶ。特に立法会選挙をターゲット。	香港
10	1999年～	長期にわたってベネズエラに内政干渉した。1999年、反米のウゴ・チャベスが大統領になってから、1999年に25.78万ドル、2000年に87.74万ドル、2019年になると266万ドルの資金提供をし、反政府派の支援、訓練をし、政府転覆を試みた。	ベネズエラ
11	2000年～	「民族青年指導者研修クラス」を毎年開催。参加者はチベット独立、ウイグル独立、モンゴル独立、香港独立、台湾独立、法輪功など。	中国
12	2000年10月	セルビアのブルトーザー革命に資金提供、支援し、ミロシェヴィッチ政権を転覆させた。1999年と2000年にそれぞれ1000万ドルと3100万ドルを提供し、さらに数千人の反政権派を訓練した。	セルビア

番号	年月日	紛争・煽動	標的国・地域
13	2000年12月	陳水扁がNEDの開催した第二回世界民主運動の世界大会に祝電を送り、台湾に民主基金会を作ると宣言。	台湾
14	2001年	エジプトの非政府組織であるエジプト民主アカデミーを支援、2011年2月から6月の間に少なくとも4000万ドルの資金をエジプトの「民主主義推進」団体に提供し支援した。	エジプト
15	2001年	2001年、アリスティドがハイチの大統領に選ばれてから、NED下部組織の国際共和研究所がハイチの反政権派に資金提供をし、政府転覆活動に深く関わり、最終的に2004年暴力クーデターを起こしてアリスティド政権を転覆させた。	ハイチ
16	2003年	NEDにより、台湾に財団法人「台湾民主基金会」を設立。	台湾
17	2003年〜	多くの「アラブの春」のデモ組織を支援した。アルジェリア人権擁護連盟は2003年、2005年、2006年、2010年にNEDの資金提供を受けた。	アルジェリア
18	2003年〜	2003年以降、オキュパイ・セントラル、逃亡犯条例改正案反対デモなどすべての大型デモを支援し、企画、資金提供など。2019年逃亡犯条例改正案反対デモでは、NEDが舞台裏から前に出て直接活動の代表者と接触し、デモの活動家に補助金、訓練を提供。	香港
19	2003年	ジョージアのバラ革命で、NEDが野党リーダーを選び、人員を訓練し、さらに巨額の資金提供をし、カラー革命を起こした。	ジョージア
20	2004年	「台湾民主基金会」設立一周年記念式典でNEDのカール・ガーシュマン会長が講演、緊密な協力を楽しみにしていると表明。	台湾
21	2004年〜	2004年以降、NED はリプセットのシリーズ講座というイデオロギー色の濃い講座を毎年開催。	
22	2004年〜	多くの新疆ウイグル独立組織に資金提供。「人権危機」に関して、西側諸国と協力して資金提供。2004年〜2020年に各種ウイグル組織に875.83万ドルの資金提供をし、2020年だけでも124万ドルを提供した。	新疆
23	2004年末	ウクライナのオレンジ革命で、アメリカがNEDなど経由して6500万ドルの資金を提供。	ウクライナ
24	2006年〜	2006年、2010年、2020年と、三回にわたりベラルーシに対するカラー革命を策動した。2020年ベラルーシに対するNEDプロジェクトの合計金額は235万ドルに達した。	ベラルーシ
25	2010年〜	2010年にダライ・ラマに民主主義功労勲章を授与したのち、チベット独立組織と密接な関係を結び、チベット独立運動に資金提供。2019年は60万ドル、2020年は100万ドルの資金提供。	チベット
26	2010年	「アラブの春」の裏で活躍。エジプト、イエメン、ヨルダン、アルジェリア、シリア、リビアなどの国で、フェミニズム、報道の自由、人権活動などを支援し、親米の個人や団体を支援し、反政府思想を広め、カラー革命を推進させ、アラブ諸国を戦争、社会動乱、経済衰退の泥沼に追い込んだ。	アラブ諸国
27	2011年1月末	エジプトの反政府デモの裏で活動し、資金提供・人員訓練などの支援をし、2月11日、ムバーラク大統領を辞任に追い込んだ。	エジプト
28	2011年頃	リビアの反政府組織の創始者を支援。これらの組織は2011年リビア内戦で活躍した。	リビア
29	2011年頃	「束縛のない女性ジャーナリスト」などの非政府組織を支援し、協力し、2011年イエメン騒乱で重要な役割を果たした。	イエメン

番号	年月日	紛争・煽動	標的国・地域
30	2013年～	2013～2018年の間、ボリビア政府の反対派に7000万ドルの資金提供をし、長期政権のモラレス政権を独裁と批判し、選挙不正を認定して抗議活動を煽り、最終的にモラレス大統領を辞任・亡命へ追い込んだ。	ボリビア
31	2013年～	2013年～2020年の間、キルギスタンのメディアや非政府組織に1300万ドルの資金提供をした。2021年キルギスタン選挙の時、選挙を「監督」するために数千人の観察員を募集したサイトに30万ドルの資金提供をした。	キルギスタン
32	2013年～2014年	2013～2014年の間、NEDがロシアの組織に520万ドルを提供し、ロシアの選挙に干渉した。	ロシア
33	2013年	ベネズエラの選挙に干渉するために、資金、訓練、アドバイスなどを提供し、2015年の国会議員選挙で反チャベス派の野党連合を勝利させた。	ベネズエラ
34	2013年	ウクライナで大規模反政府デモがあったが、背後ではNEDが65個のウクライナ国内の非政府組織を支援し、抗議活動の参加者に給料を配り、1400万ドルを使って2014年のマイダン革命を支援し、ヤヌコーヴィチ政権を転覆させた。	ウクライナ
35	2016年	香港独立運動に参加した人の、ハーバード大学やオクスフォード大学への留学を支援。	香港
36	2017年	「中国とロシアが長年にわたり資金提供をして外国の世論に影響を与えてきた」とNEDが指摘し、「中国脅威論」を喧伝し始めた。	中国・ロシア
37	2019年	2019年6月3日、NEDは「中国の抑圧モデルが世界に広がっている」フォーラムを開催し、「中国の抑圧モデル」は新世代の技術的手段を通じて「西側の民主主義システムを侵食している」と主張。	中国
38	2019年	2019年12月10日、蔡英文が「台湾民主基金会」の第十四回アジア民主人権奨の授賞式で、NEDのカール・ガーシュマン会長に「大綬景星勲章」を授与。	台湾
39	2020年	2020年、タイのデモに資金支援。「タイ人権のための弁護士」などのデモを支援。タイのネットメディアや非政府組織に資金提供。これらの組織を経由してタイに憲法改正を要求。	タイ
40	2021年1月	2021年1月、ウガンダ大統領選挙で、アメリカが支援する野党のロバート・キャグラニが34.83%の票を集めた。彼が2018年にNEDの要請を受け、アメリカで治療を受けるという名目で政府転覆の訓練を受け、さらに資金援助を受けて大統領選挙を闘った。	ウガンダ
41	2021年	政府転覆のための反政府デモ側に資金提供。	キューバ
42	2022年	2022年3月27日から30日にかけて、NEDのウィルソン会長が台湾を訪問し、「台湾民主基金会」と協力して、2022年10月に台北で「世界民主運動」を開催し、「台湾独立運動」を支援。	台湾
43	不明	過去20年の間キューバに対して約2.5億ドルの資金提供をし、政府転覆を試みた。2020年だけでもキューバに対して42のプロジェクトがある。	キューバ
44	不明	「世界ウイグル会議」「ヒューマン・ライツ・ウォッチ」などの組織を支援し、「ジェノサイド」や「再教育収容所」の新疆ウイグル自治区に関する情報を発信した。	新疆
45	不明	「国境なき記者団」に資金提供をし、長年にわたり「中国メディアを他国のメディアと区別すべき」と発信するように支援した。	中国
46	不明	定期的に「チベット青年協会」「世界ウイグル代表大会」などにおけるチベット独立、新疆ウイグル独立運動団体へ資金提供。	中国

で見つけた情報（非常に詳しくNEDの特定人物名まで載っている情報など）からさかのぼってNEDホームページで再確認したという種類の情報のたどり方もある。

このリストを作成してみて、われながら驚き、茫然としてしまった。

まさか、ここまで多いとは思ってもみなかったからだ。

おまけに、これは手作業で集めた結果に過ぎないので、拾い切れなかったデータもきっと数多くあるにちがいない。その意味では不完全統計だ。それでもここまで頻発していたとは……。

こんなことでいいのだろうか？

この解釈に戸惑う。読者の皆様は、どう思われるだろうか？

これをどう解釈すればいいのかを、できれば一緒に考えていただきたいし、また、このようなものをリストアップしてみようという視点を持った人は、過去にはおられなかったかもしれないので、この執念の成果を、より多くの日本人と共有したいとも思っている。

少なくとも、図表6-2と図表6-8を両方あわせて眺めていただくと、いかにアメリカが第二次世界大戦後、ひたすら世界中を引っ掻《か》き回して戦争を起こし続け、あらゆる内部紛争を見逃さずに内政干渉しては標的国・地域の政府を転覆させ、そのあとにさらなる混乱と終わりなき紛争を撒き散らしてきたかが見えてくるのではないだろうか？

第二章で述べたように、中東が脱米化して「中露＋グローバルサウス」側に付き、習近平による地殻変動を起こす結果を招いたのも、西側陣営を除いた「人類の85％」がこの二つの図表に示した事実を認識しているからかもしれない。「アメリカ脳化」された日本人の多くには、この事実は見えていない。

図表6-8に関して詳細に考察する前に、まず図表6-4で触れた2004年のウクライナのオレンジ革命に関して、なぜ背後にNEDがいたと言えるかをご説明したい。NEDの会計報告を見たところ、図表6-8の「23」にあるようにNEDがオレンジ革命を起こさせるために6500万ドルを選挙結果への抗議者に提供した記録を見つけたからである。選挙で当選した親露派のヤヌコーヴィチ大統領を下野させて親米派の大統領を就任させたが、2010年で再び親露派のヤヌコーヴィチが大統領に当選した。それが気に入らないので、2014年にNEDが再び介入してマイダン革命を起こし親米政権を誕生させたのである。

それでは本書のテーマの一つである台湾に焦点を絞るため、図表6-8の「6」と「9」に注目して香港におけるNEDの浸透ぶりから見ていこう。

「6」に示したように、NEDは1994年から香港に潜入し始め、デモ活動を支援するようになった。しかも1994年から2018年までに香港の民主化デモを支援するために提供した資金は、なんと、約1000万ドル以上だ。これはNEDのホームページに載っている毎年の会計報告を合計して出てきた金額である。

「9」には1997年以降に発表された18本のレポートが、香港の「民主化」に影響を与えようと試みたことが書いてある。台湾よりも1年前の２００２年に香港にＮＥＤの下部組織である全米民主国際研究所（ＮＤＩ）の香港事務所を設立し、２００３年に盛り上がった「香港基本法第23条」に反対するデモを支援した。こうして先述の２０１４年のオキュパイ・セントラル（占領中環）デモに至るまで資金を提供し続けているのである。その後も反政府デモを支援するための資金提供は続き、２０２０年にはＮＥＤの香港に関するプロジェクトが11件もあり、２０２０年だけで金額は２００万ドルに及ぶ。

２０２２年6月に、習近平政権が強引に香港国安法（正確には中華人民共和国香港特別行政区国家安全維持法）を成立させたのは、香港民主化デモの背後には、中国政府を転覆させようとするＮＥＤの動きがあるのを知っていたからにちがいない。

それが台湾に飛び火していくのを食い止めたかったのではないだろうか。

先述の２０２２年3月に台湾を訪問したＮＥＤのウィルソン会長が言った言葉から、「台湾民主基金会」が２００３年に設立される以前から、台湾とＮＥＤが深い関係を持っていたことが分かったので、いったいいつから関係を持ち始めたのかを、何としても突き止めたいと思い、執念で探しまくった。

すると、なんと中華民国総統府のホームページに、その証拠写真と証拠記事がしっかり掲載されていることを、ついにつかんだのである。

２０１９年12月10日に第14回アジア民主・人権賞授賞式が台湾で開催され、その式典で蔡英文総統がNEDの当時のカール・ガーシュマン会長（会長任期：1984～2021年）に民主主義・人権賞を受賞する様子が鮮明に掲載されている。そこには動画もあるので、確認なさりたい方はhttps://www.president.gov.tw/News/25106にアクセスなさると、ご覧になることができる。その頁の右下にはここに掲載した写真もある。ネットを扱わない読者のために、念のために本書の次頁に掲載する。

これ以上決定的な写真はほかにないと言っても過言ではないほど、NEDと台湾の民進党、あるいは民主運動は深く結びついていたことが明らかとなった。

総統府のホームページには、この式典での挨拶でガーシュマンが「25年前に初めて台湾を訪問した時、私は台湾に民主主義を促進するためにNEDの国家コミュニティに参加するように勧めた。25年後の今日、台湾はすでに豊かで安定した自由民主主義の模範的な成功例となった。特に総統が台湾初の民主的に選出された女性国家元首になっている」と蔡英文を褒め称えたと書いてある。

そこで念には念を入れてNEDのホームページを探してみたところ、そこにはガーシュマンのスピーチの全文が載っていた。長いので要約すると、以下のようになる。

●私は25年前に初めて台湾を訪れ、NEDのような組織を通じて民主主義を育んでいる国々のコミュニティに台湾も参加するよう奨励した。しかし当時の台湾にはまだ十分な素地ができていなかった。

NEDのガーシュマン会長と蔡英文総統（2019年12月10日）

出典：中華民国総統府ホームページ

●しかしこの訪問は、NEDが台湾の国家政策研究所と組織した第三波民主主義の統合に関する主要な国際会議につながった。1995年8月末に、台湾の新聞局局長・胡志強が発案して、NEDとともに大規模な民主主義国際会議を開催することに成功した。会議には『第三の波』の著者であるサミュエル・ハンティントンを含む世界をリードする民主主義の学者や実務家60人が一堂に会し、実に記念すべきイベントとなった。これこそがやがて台湾に「台湾民主基金会」を設立する素地となった。

●今やロシアや中国のような権威主義国は、より攻撃的で民主主義の脅威になっている。中国での動向は最も憂慮すべきものだ。中国が経済的に強くなるにつれて、より抑圧的で好戦的になり、人民を制御するために邪悪な監視国家を構築している。チベット人、ウイグル人、その他の少数民族に対して文化的大量虐殺を行なったり、南シナ海や近隣諸国を軍事的に脅かしたりしている。一帯一路構想とシャープパワー（対象国の政治システムに影響を与え、弱体化させるための外交政策）の情報と宣伝ツールを使って、世界中の国々に浸透している。

●台湾ほど大きな脅威と圧力に直面している国はない。台湾を対象とした絶え間ない軍事演習と、台湾を国際的に孤立させるための外交努力を中国は惜しまない。シャープパワーを使って台湾を政治的に弱体化させ、経済的圧力をかけて台湾を吸収し征服しようとしている。

●しかし、このような虐めと台湾の政府転覆の試みはすべて、失敗に終わっている。蔡総統が建国記念日の演説で述べたように、台湾の、国家としての誇りとアイデンティティはますます強固になっている。台湾が自らを守るために取らなければならない多くの軍事的、外交的、経済的、およびその他の措置がある。しかし、強力で統一された包括的な民主主義であり続けること以上に重要なことはない。

●習近平が最も恐れているのは民主主義であり、コロンビア大学の学者アンディ・ネイサンが「治せない先天性欠損症」と呼んだように、独裁体制が政治的正当性を欠いていることに共産党中国が苦しんでいることを十分に認識しているからだ。

●中国の独裁政権としての台頭と、それが現在東アジアおよび周辺諸国にもたらす脅威は、台湾で成功裏に確立された民主主義制度には勝てない。台湾の成功例は民主主義を信じる世界中の人々を鼓舞している。それはより良い未来へのビジョン、中国国民の想像力を再び捉えるかもしれない別の種類の夢（＝中国が民主化するかもしれないという夢）を提供する。台湾の犠牲と献身のおかげで、その日が必ず来ると私は信じている。

（スピーチ概要は以上）

かくして台湾の民主化運動の芽は1994年から植え付けられ、こんにちの独立志向を鼓舞する意識へとつながったということができる。

こういった活動を含めて、NEDの活動を丹念に拾い上げて作成したのが図表6-8だ。一項目ずつに一冊の本を書かなければならないほどの物語が詰まっているが、いずれにせよ、NEDが世界中で民主化運動を支援しては、既存の政府を転覆させようとしてきたことだけは確かだと言っていいだろう。そして今や台湾を独立志向へと持って行くべく全力を投入していることも窺《うかが》える。それが「台湾有事」へと中国大陸を誘《いざな》う強力な手段となる。

くり返しになるが、2022年3月27日から30日にかけて、NEDのウィルソン会長が台湾を訪問し、「台湾民主基金会」と協力して、2022年10月25日に台北で「世界民主運動」の世界大会を開催し、「台湾独立運動」にエールを送った。蔡英文総統も出席して、その1ヵ月後の11月26日に行なわれる統一地方選挙に向けて、民意が民進党に向かうように力を入れたのだが、この選挙で民進党が惨敗し、蔡英文は民進党党首を辞任している。

先述した反ゼロコロナ「白紙運動」デモはその直後から起き始めたことに、お気づきだろうか？　もし民進党が勝っていたら、あのようなデモは起きなかったかもしれない。国民党に有利だという結果は11月10日の民意調査ですでに出されていた。

このように台湾問題に関して動いているNEDは、どんなに小さなチャンスでも見逃さず、中国国内のほんの一部分でも操るチャンスがあれば、必ずそこに潜入して、政府転覆を試みようとしていることが見えてくる。しかし、NEDがいるということは、そこにCIAがいるのだということを忘れてはいけない。

それでも2022年11月26日の統一地方選挙で民進党が勝てなかったのは、第五章の台湾の民意調査の箇所でも述べたように、ウクライナ戦争があるからだ。地方選挙は国家の方向性を選択する選挙ではなかったにせよ、いざ台湾で戦争になっても、アメリカは武器は売り込むが、一兵卒たりとも台湾の戦場で戦ってはくれないことをウクライナ戦争でいやというほど見せつけられている。だから共産中国に統一されるのは嫌だけれども、かといってアメリカ依存の強い民進党に疑問を抱く台湾人が多かったということでもある。

ところで、2023年4月15日、アフリカ北東部スーダンの首都ハルツームで、国の実権をめぐり争う国軍と準軍事組織「迅速支援部隊（RSF）」の戦闘が始まった。スーダンにいる外国人は緊急に母国に帰国するなどの避難を開始し、世界の目がスーダンに集中した。

相当にさかのぼるが、図表6-8の「3」にあるように、スーダンにおいてもNEDは1989年から活躍している。この事実は2020年7月23日のNEDのウェブサイトに記載されている。なぜ2020年のウェブサイトに書いてあるかというと、2019年4月11日にスーダンで起きたクーデターにより30年も続いた「バシール独裁政権」を崩壊させたからだ。

このクーデターは2018年12月から始まっている。軍部を中心に、その軍部を、NEDに支援された一部の市民が応援し、2019年4月に政府転覆を成功させた。

軍部がクーデターを起こしているので「民主化運動」と名付けるわけにはいかないところに、スーダンの苦悩がある。しかしそれでもアメリカから見れば、NEDが支援した側の軍部が権力を握ったので、アメリカの言いなりになる政権ができ上がったと位置付けることができる。アメリカの傀儡となるのならば、何でもいいのだ。

こうして、その翌年である２０２０年にＮＥＤはクーデターを成功させるために協力したスーダン市民社会（ＲＣＤＣＳ）にＮＥＤ民主主義賞を授与した。この時にスピーチをしたＮＥＤのカール・ガーシュマン会長（当時）が「スーダンに対するＮＥＤの助成金プログラムは、１９８９年以来、継続的に行なわれており、12月革命の成功は、スーダンの人々と私たちとの絆を、ひたすら深めたのです」と発言している。

これが２０２０年7月23日のＮＥＤのウェブサイトに記載されているのを、ようやく、ようやく発見したので、スーダンへのＮＥＤの浸透は１９８９年から始まったことを突き止めたのである。

今般のスーダンでの軍事衝突が、あくまでも「軍と軍」の衝突であることは注目に値する。すなわちアメリカは、親米政権を創るために、それまでの政府を転覆させただけで、「民主化」には成功していないのだ。

世界中いたるところで、全米民主主義基金＝ＮＥＤが「各国の民主化を支援する」という建前で「活躍」し、本章で掲載した数知れぬ紛争を巻き起こしてきたが、実際に「民主化」された「標的国・地域」は非常に少ない。ほとんどはエンドレスの紛争と混乱を巻き起こしただけで、合計すれば数千万にのぼるかもしれない命を奪いながら、アメリカの軍事産業が儲けているだけなのである。

アメリカの軍事産業を繁栄させるために、第二次世界大戦後の人類は、ひたすら混乱と紛争の中に追い込まれて、尊い命を奪われてきたのが実態だ。

その原因は、NEDは「平和を目指す組織」ではなくて「第二のCIA」であり、「民主を武器化するマシーン」でしかないからと言えないだろうか？

今、日本は、そのCIAの牙《きば》の真っただ中にいる。

五、「2027年台湾武力攻撃説」の根拠は？

事実、現在のアメリカのウィリアム・バーンズCIA長官は、2023年2月2日、「習近平は2027年までに台湾を武力攻撃する」と発言し、「証拠もある」としている。同様の発言は2021年3月から始まっており、その後ますます激しくなり、世界を操っている。特に日本は、その真っただ中にいて、「操られていること」に気が付かない。こうして日本人が命を落とす、次の戦争へと、日本を誘《いざな》っていることに日本は気が付かないのである。

バーンズは2月2日の発言で、さらに「アメリカ政府は〝諜報活動などで得られた情報〟として、習近平が2027年までに、（現在自立している）台湾を侵攻するための準備を行なうよう軍に指示していることを把握している」とさえ言っているのだ。2021年3月以来の一連のアメリカの発言により、世界中に「台湾有事」という幻が、現実であるかのような印象と脅威を与えるようになっている。日本では安保体制や防衛予算まで増強し、「台湾有事」に備えようとしている。もし本当に「台湾有事」となった時に、真っ先にやられるのは台湾である以上に日本だ。なぜなら第三章の図表3-3の説明文で書いたように、日本には世界一多い5万3973人の米軍が駐留しているだけでなく、図表6-9に示すように、日本には世界最多の大型米軍基地があるからだ。しかも尋常ではなくダントツに多い。

別の見方をすれば「抑止力」になっていると言えないではないが、しかし何もわざわざ「台湾有事」を煽る必要はない。万一にも本当に戦争に入った時は、日本人の犠牲者は史上最大のものになる危険性がある。

そのような危険性に向かって突進するよりも、日本政府は日本国民の命を守るために、もっと優先しなければならないことが山のようにあるはずだ。日本が軍事力を強化すること自体は悪いことではないにせよ、日本ならではの判断と戦略による中立的立場で軍事力を強化するほうが「日本の国力」が強くなる。しかし日本はアメリカに追随する方向でしか軍事力強化さえできない。その理由は終章で述べる。

では、アメリカが言い出したところの、この「2027年」という根拠は何なのだろうか？

それは2020年10月26日から29日まで北京で開催された第19回党大会の五中全会（第五回中央委員会全体会議）の結果、中国共産党網で10月29日に発布された「第19回党大会五中全会公

図表6-9　海外に分布している米軍基地の数（2017年データ）

国・地域名	基地・施設数					大型基地の数
	陸軍	海軍	空軍	海兵隊	総数	
日本	15	46	37	22	120	21
ドイツ	90	0	29	0	119	8
韓国	50	7	12	1	70	6
イタリア	12	18	14	0	44	3
イギリス	0	0	25	0	25	2
ポルトガル	0	1	20	0	21	1
トルコ	1	0	12	0	13	1
バーレーン	0	12	0	0	12	0
ベルギー	10	0	1	0	11	0
マーシャル諸島	11	0	0	0	11	1
ギリシャ	0	8	0	0	8	0
オーストラリア	0	3	3	0	6	0
バハマ	0	6	0	0	6	0
オランダ	5	0	1	0	6	0
オマーン	0	1	3	0	4	0
ルーマニア	3	1	0	0	4	0
スペイン	0	3	1	0	4	1
カナダ	0	3	0	0	3	0
クウェート	2	0	0	0	2	1
ノルウェー	0	0	2	0	2	0
ペルー	0	2	0	0	2	0
シンガポール	0	2	0	0	2	0
アラブ首長国連邦	0	2	0	0	2	0
オランダ自治領アルバ	0	0	1	0	1	0
ブルガリア	1	0	0	0	1	0
カンボジア	0	1	0	0	1	0
コロンビア	0	0	1	0	1	0
コスタリカ	0	0	1	0	1	0
ディエゴ・ガルシア	0	1	0	0	1	1
ジブチ	0	1	0	0	1	1
エジプト	0	1	0	0	1	0
エルサルバドル	0	1	0	0	1	0
グリーンランド	0	0	1	0	1	1
グアンタナモ湾	0	1	0	0	1	1
ホンジュラス	1	0	0	0	1	0
アイスランド	0	1	0	0	1	0
イスラエル	1	0	0	0	1	0
ケニア	0	1	0	0	1	0
オランダ領アンティレス	0	0	1	0	1	0
カタール	1	0	0	0	1	0
セント・ヘレナ	0	0	1	0	1	0
海外合計	203	123	166	23	515	49

出典：U.S.Department of Defense, BASE STRUCTURE REPORT-FISCAL YEAR 2018 BASELINE

報」に「確保二〇二七年実現建軍百年奮闘目標（2027年の建軍百年に向けた奮闘目標を実現しよう）」と書いてあることが原因だ。2027年の建軍百年記念に向けて頑張ろうと表明したのは、この時が初めてである。

公報の末尾のほうに書かれた「17文字」の中国語の後には「要保持香港、澳門長期繁栄穏定、推進両岸関係和平発展和祖国統一」（香港、マカオの長期的な繁栄と安定を保ち、両岸関係の平和的発展と祖国統一を推進しよう）とある。「両岸関係」というのは台湾海峡の両岸で「大陸と台湾」のことを意味している。「祖国統一」は建国当時から何度も何度も唱えられてきた言葉で、新たに習近平が言った言葉は何一つない。

唯一新しいのは、「2027年は中国人民解放軍の建軍百周年記念なので、頑張ろう！」と呼びかけただけである。何に向かって頑張るかに関しては「加速国防和軍隊現代化、実現富国和強軍相統一」（国防と軍隊の近代化を加速し、富国と強軍の統合を実現する）」と書いてある。

建軍百周年記念なら、それくらいのスローガンを書くのは、ごく自然なことだろう。

同年11月26日、新華網には「国防部が、2027年の建軍百年の奮闘目標実現をどのように理解するかを紹介した」という報道がある。その中で国防部は記者の「どのようにして実現するのですか？」という質問に対して、おおむね以下のように答えている。

――第一は情報化・スマート化で、第二は軍隊の現代化、特にハイレベル軍人の養成が必要になります。第三は「質」の高さを堅持することで、ハイレベル化発展と効率を優先させることを目指します。第四はやはり「国防力と経済力を同時に高めること（筆者注：軍民融合）」です。

何のことはない。

CIA長官のバーンズが言った「証拠をつかんでいる」という、その「証拠」とは、「2027年の建軍百周年記念」でしかないのである。アメリカ側の「2027年」という発言は、2020年10月29日に発布された「第19回党大会五中全会公報」以降に突然出現し始めているのだ。

習近平はそれまで、2027年に関して声明を出したことはない。この時が初めてである。習近平のこの言葉を受けて「2027年台湾武力攻撃説」に関して口火を切ったのは米インド太平洋軍司令官フィリップ・デービッドソンで、彼は2021年3月9日に上院軍事委員会の公聴会で、「今後6年以内に（2027年までに）中国が台湾を侵攻する可能性がある」と証言した。

これに対して2021年6月17日、マーク・ミリー統合参謀本部議長が米議会下院軍事委員会の公聴会で「近い将来に台湾武力侵攻が起きる可能性は低い」と述べ、6月23日になると、さらに一歩進んで「中国が台湾に2年以内に軍事侵攻する兆候は、現時点ではない」との見解を示した。

それでもなお2022年9月16日になると、CIAのデービッド・コーエン副長官が、習近平が「台湾を2027年までに奪取するのに十分な軍事力を中国軍が備えるよう指示した」と主張した。

恐るべきは、2023年1月24日になると、自民党の国防部会・安全保障調査会・外交部会がデービッドソンを日本に招聘して当該部会で講演をしてもらったことだ。デービッドソンは「2027年までに、中国が台湾を侵攻する可能性がある」と主張。「一昨年、米議会軍事委員会の公聴会で明言したことについて、この見解は現在でも変わっていない」と強調している。

そして、それを後押しするように本節冒頭で述べた2月2日のバーンズCIA長官の「2027年武力攻撃」発言に戻っていく。論理はこの中で閉じていて、まるで「こじつけ」だ。それでも日本人はそれに飛びつく。

2022年10月25日の第20回党大会における習近平の演説にしても、文字数にすれば3万2522文字の中のたった11文字の「但決不承諾放弃使用武力（ただし決して武器使用を放棄はしない）」という言葉を「しめた！」とばかりに切り取って、「ほらね、やっぱり台湾に対して武力攻撃を放棄しないと習近平は言ったでしょ？　だから台湾武力攻撃はあるんですよ」というトーンでNHKをはじめ大手メディアが報道するものだから、残り3万文字以上の内容を知らない日本人は、「やはり台湾有事はあるんだ！」と信じていくのである。

習近平はその前後で「何としても平和統一を目指す」とし、「武器を使用しなければならないのは外部勢力の干渉や一部の台湾独立分子を対象としたもので、決して広大なる台湾同胞を対象としたものではない」という種類のことを強調している。しかし、そこは「見ないふり」「聞こえないふり」をして、自分たちが聞きたい部分だけを切り取って「台湾有事」を妄信し、「日本有事」へと猛進するのが日本だ。

「決して武器使用を放棄しない」という言葉は、台湾和平統一を提唱し始めたあとも、鄧小平も江沢民も胡錦濤も温家宝も全員が何度もくり返し主張してきた常套句だ。そこは見ないようにして、まるで習近平が初めて言ったことにして「何としてもCIAの主張に寄り添い」、日本の政治家やメディアは異口同音に「台湾有事、日本有事」と言いたいのである。

このようなきっかけを探し出しては、もっともらしい論理を創り上げ、「標的国・地域」の政府転覆を目論み実行してきたのがアメリカCIAであり、「第二のCIA」NEDであることは、本章で列挙したリストをご覧いただくと、明確に浮かび上がってくるものと確信する。

CIAが創り上げた「台湾有事」によって日本は戦争に巻き込まれ、本章でリストアップした図表6-2や図表6-8の最後の一行に、「日本」が加わるだけでしかない。それが、戦後アメリカが形成してきた「国際秩序」ではないのか。

本書冒頭から書いてきたように、習近平の軸は荀子の教えの【兵不血刃】にあり、「戦火を交えずに勝つ」という国家戦略で動いているので、経済連携と和解工作によって世界秩序を形成しようとしている。それが本書のタイトルである『習近平が狙う「米一極から多極化へ」』

に基づいて構築する「世界新秩序」である。

　戦争によって構築するのではなく、「和解工作」によって中国側に引き付けていくやり方なので、スーダンに関しても、すでにその態勢に入って動き始めている。それは本書第二章で述べた中東和解外交雪崩現象と同じく、アフリカでも2022年1月6日に「非洲之角（アフリカの角）和平発展構想」を提案し、「アフリカの角事務特使」を任命することを発表して、2023年2月16日にはスーダンを含めた「国際調解院準備弁公室」を設立している。これにより多角的に中東とアフリカの「和解外交雪崩現象」を引き起こし、世界新秩序を構築する国家戦略で動いているのだ。

　アメリカの「民主」を掲げた「戦争と内紛と混乱」は人類に平和をもたらさず、無限に人類の命と安寧を奪い、ひたすらアメリカの軍事産業を肥え太らせていく。

　言論弾圧をする中国が良いとは言わない。

　むしろ、それればかりは許せない。

「チャーズ」を経験した私は、その言論弾圧と闘うために執筆活動を続けている。しかし執筆活動は真実を描くものでなければならない。そうでなければ「チャーズ」で餓死していき、ごみのように捨てられてしまった数十万の無辜の民のための墓標を打ち建てることができないからだ。

　その真実を追い求める闘いはしかし、アメリカＣＩＡの厳然たる事実を、恐ろしい形で私に突きつけてきた。これを直視できるか否かは、既成概念から自由になり、束縛のない視点で現実を認識できるか否かにかかっている。

それを可能ならしめるのは「知性の力」だ。

そうでなければ、日本人はＣＩＡが仕掛けてくる台湾有事が引き起こす戦争により、限りない犠牲を強いられることになる。

おまけに習近平の【兵不血刃】戦略により、「気が付いたら中国が勝っていた」ということになってしまうのだ。すなわち中国が構築する新国際秩序の中で私たちは生きていかなければならなくなる。

それでいいのか？

いいはずがないだろう。

ならば、日本人はどうすればいいのか。

それを終章で、皆様とともに考えてみたい。

終　章

「アメリカ脳」から脱出しないと日本は戦争に巻き込まれる

1953年9月7日に天津の港、塘沽《タングー》を出た日本への帰国船・高砂丸《たかさごまる》は、4日後の11日に舞鶴の港に近づいていた。眼前に広がる高い岸壁を見上げ、「こんな山だらけの所に、日本人はどうやって住んでいるのだろう」と不思議に思った。一方では、天津の小学校で別れを告げた担任の馬老師に「日本の庶民はアメリカの圧政に苦しんでいます。日本に行ったら日本人と力を合わせて革命を起こしなさい」と言われていたので、「この岸壁は革命のためのゲリラ活動には良いのかもしれない」と思ったものだ。

しかし一歩街に入ると、生まれて初めて見るパチンコ屋から、なんと軍艦マーチが流れているではないか。

天津の小学校では「侵略者・日本の民族」として激しい虐めに遭い、入水《じゅすい》自殺まで試みた私にとって、パチンコ屋から流れる軍艦マーチは、カルチャーショックという言葉では言い表せないほどの衝撃を与えた。まだ12歳だった。

街には「Buttons and Bows（ボタンとリボン）」（ボッツアンボー）というジャズソングや「お富さん」という演歌も流れている。誰もが幸せそうで賑々しく、「アメリカの圧政に苦しんでいる人」など、どこにもいやしない。

中国の嘘つき――！

目も眩《くら》むような戸惑いの中で、音楽が好きだった私は、初めて聞くジャズのリズムや、やがて耳にするようになったブルースやシャンソンを口ずさむようになり、気が付けば、クラシック・ジャズやソウル・ミュージックの虜《とりこ》になっていたのだ。やがてハリウッド映画にも魅せられている自分がいた。

１９４５年8月15日に日本が無条件降伏をしたあとの8月30日に、ダグラス・マッカーサー連合軍最高司令官がパイプをくわえながら厚木の飛行場のタラップに降り立った。その日から日本はＧＨＱ（General Headquarters, the Supreme Commander for the Allied Powers＝連合国軍最高司令官総司令部）の支配下に置かれた。ＧＨＱは第二次世界大戦終結に伴うポツダム宣言を執行するために日本で占領政策を実施した連合国軍だが、実際はアメリカを中心とした日本国占領機関だ。降伏文書に基づき、天皇および日本国政府の統治権はＧＨＱの最高司令官の支配下に置かれた。１９５２年4月28日に日本の終戦条約であるサンフランシスコ平和条約が発効するまで、アメリカの日本占領政策は続いた。

ここまでは誰でも知っているだろう。

しかし、この時にＧＨＱが日本の武装解除と同時に精神構造解体まで行なっていたことを認識している人は、今では少なくなっているかもしれない。

拙著『毛沢東　日本軍と共謀した男』でしつこく追いかけたが、終戦直前までアメリカの大統領だったフランクリン・ルーズベルトは、「日本軍は異様に強い」と恐れるあまり、何としても当時のソ連に参戦してほしいと、再三再四にわたりスターリンに呼び掛けて、参戦を懇願した。そのためにソ連はアメリカが日本に原爆を投下したのを見て慌てて、日ソ中立条約を破って参戦し、私がいた長春市（そのときはまだ「満州国・新京特別市」）に攻め込んできた。この時に北方四島などを占領したという、忌まわしい歴史を残している。

そのため1947年5月3日に施行された日本国憲法では、日本が二度と再び再軍備できないように、そして戦争できないように強く制限している。

第五章で書いたキッシンジャーの忍者外交で、中国の周恩来が懸念した在日米軍に関して、キッシンジャーは「あれは日本が再軍備して再び暴走しないようにするために駐留させているようなものですよ」という旨の回答をしている。これがアメリカの本心だ。

だからGHQは日本国憲法第九条で日本が再軍備できないように縛りをかけた。

ところが1950年6月に朝鮮戦争が始まったため、GHQは日本に「警察予備隊」の設置を許し、それがのちの自衛隊になっている。それでも憲法九条があるため、日本の防衛はひたすらアメリカに依存するという形を取り続けている。

その結果アメリカに頭が上がらず、精神的に奴隷化する傾向にあるが、もう一つのGHQが行なってきた「日本人の精神構造解体」のほうも見落としてはならない。

1945年から52年までの約7年の間に、日本の戦前までの精神文化は徹底的にGHQによって解体されていった。それもやはり日本軍が戦前強かった（とアメリカが恐れた）ために、「天皇陛下のためなら何が何でも戦う」という特攻隊的精神を打ち砕くことが目的の一つだったので、「民主、人権、自由、平等……」などのいわゆる「普遍的価値観」を埋め込み、それを娯楽の中に潜《ひそ》ませていったのである。

そのためにハリウッドが配給した映画は数百本を超え、ハリウッド映画に憧れを抱かせるように、あらゆるテクニックを凝らしていった。

この背後で動いていたのはＣＩＡだ。

日本敗戦後まもない１９４７年までは、第二次世界大戦中の特務機関であった戦略諜報局ＯＳＳ（Office of Strategic Services）がアメリカ統合参謀本部でスパイ活動や敵国への心理戦などを実施していたが、１９４７年9月18日に機能を拡大して中央情報局（Central Intelligence Agency＝CIA）と改名した。

サンフランシスコ平和条約締結に伴ってＧＨＱが解散され、アメリカの占領軍が引き揚げると、アメリカはすかさずＣＩＡを中心として日本テレビを動かし、新たな「日本人の精神構造解体を実行する装置」を構築した。その詳細は『日本テレビとＣＩＡ　発掘された「正力ファイル」』（有馬哲夫、新潮社、２００６年）に書いてある。

ＣＩＡのその操作は大成功を収め、日本は世界で唯一の「大洗脳に成功した国」と言っても過言ではないだろう。完全に「アメリカ脳化」することに成功したのだ。

日本のその成功例を過信し、アメリカはイラクに大量の破壊兵器があるという偽情報に基づいて「イラクの自由作戦」などと名前だけ民主的な名目を付け、激しい武力攻撃に入った。侵略戦争以外の何ものでもない。大量の破壊兵器は見つからず、それは偽情報だったということが分かっても、イラク国内での戦闘は止まず、凄絶な混乱と治安悪化を生み出しただけだった。アメリカの腹には、日本に原爆を二つも落として惨敗させても、日本はアメリカによる占領軍の指示を従順に聞きアメリカを崇めるに至ったので、他の国でも日本と同様のことができるはずだという目算があったにちがいない。

しかし世界中、日本以外のどの国でも、そうはいかなかった。

なぜか？

なぜ他の国ではうまくいかないのに、日本では成功したのだろうか。

拙著『毛沢東　日本軍と共謀した男』を書くまで、私はスタンフォード大学のフーバー研究所に通いつめ、そこにだけしか置いてない蔣介石直筆の日記を精読したが、日本の敗戦処理に関して蔣介石は「天皇制だけは残さなければだめだ。日本人は天皇陛下をものすごく尊敬している。天皇制さえ残せば、戦後の日本を占領統治することができるだろう」という趣旨のことを言ったと書いてある。

その通りだ！

かつて日本軍は「皇軍」と呼ばれて、「天皇陛下のためなら命を落としてもいい」という覚悟で闘った。戦死する時には「天皇陛下万歳──！」と叫んだ。

1945年8月15日、終戦を告げる詔書を読み上げた天皇陛下の玉音放送を聞いて、日本国民はどんなに受け容れがたい現実であろうとも、天皇陛下のお考えであるならばと、「日本敗戦」を受け容れた。そして天皇陛下がマッカーサーに会いに行ったことによって、これは天皇陛下の意思決定だと解釈して、GHQの指示に従ったものと思う。

こうして日本人は自ら積極的にCIAの洗脳を歓迎し、「アメリカ脳」化していったにちがいない。

CIAの洗脳は今も続いている。

たとえばニコラス・スカウ著の『驚くべきCIAの世論操作』（伊藤真訳、インターナショナル新書、2018年）には、CIAがアメリカに有利なように操作・歪曲して流す情報を、少なからぬ世界がそのまま信じて垂れ流す実態が克明に書いてある。情報の捏造どころか、真相を公表しようとする記者がいたら陰湿な脅迫をしたり、場合によっては「消してしまう」ことさえあるという。それでもアメリカ国内ではその情報操作に一定の規制がかかっているが、海外に対しての規制はないので、アメリカに都合が良いように、いかようにでも歪曲して流しても、罰せられないのだと、この本には書いてある。

その最たるものは日本だろう。

人類の「85％」が疑問を抱く情報に関して、残りの人類の「15％」は疑問を抱かないのは、CIAが大手メディアをコントロールしているからだ。それにより、「15％」の人類を騙すという仕組みを、戦後の日本でCIAが創り上げ、その装置が今も有効に生きているということになる。

日本における大手メディアは、CIAによって牛耳られている日本の内閣に反抗はしない。

実はまだ筑波大学で教えていた頃、小泉純一郎政権で国務大臣になった尾身幸次氏が、私の書いた『中国がシリコンバレーとつながるとき』という本を読んでくださって驚き、ぜひ会いたいと研究室に電話を掛けてきた。その後、当時は「中国のシリコンバレー」と呼ばれていた北京の「中関村」の視察に同行してくれと頼まれ、ご一緒したことがある。

その時に、非常に驚くべき光景を目にした。

尾身氏の泊まっているホテルの部屋にＮＨＫをはじめ、北京にある日本の大手メディアの中国総局長を呼び集め、軽くビールを飲みながら「内輪のご挨拶会」もどきが始まったのだ。

集まった中国総局長たちは、揃ってペコペコと腰を低くしているではないか。

情けない日本の首相　　写真：ゲッティ・イメージズ

ジャーナリストは、毅然としたジャーナリズム精神に基づき、自国の政府の批判をしなければならない場合は堂々と表現すべきだ。しかし、これでは大手メディアは日本政府に、誰も何も言えないのではないかと、唖然としたものだ。

政界のトップに立っている日本の総理大臣は、自分がいかにアメリカ大統領に「気に入っていただけているか」をアピールして支持率を高めようとする。

前頁に示したのは訪米した岸田首相が２０２３年１月13日にバイデン大統領に会った時の写真だ。

このへつらい方……、情けなくはないか。

これが一国の首相の姿と言えるのだろうか。

しかし、これが日本の実態だ。

ＧＨＱ憲法を改正して、せめて日本は自国の軍隊を持つべきだとは思うが、そうやったところで、このような奴隷的姿勢でいる限り、ＣＩＡが喧伝する「台湾有事」戦略に乗っかって、日本国民の尊い命を奪っていくことになるだろう。

その一方で、「日本軍人の精神力の強さ」を恐れていたＧＨＱは、日本の精神構造解体の際に、日本が戦争を犯した罪への「贖罪《しょくざい》意識」を日本人に埋め込むことも忘れていない。これをWar Guilt Information Program（戦争責任公報計画）＝ＷＧＩＰと称する。

第五章の図表5-1に示したように、天安門事件当時の日本の内閣だけがおかしかったのではなく、GHQによって徹底的に叩き込まれた「贖罪意識」も効力を発揮していたことは否定できない。だから日本の閣僚の多くは、実は中国にも頭が上がらないのである。完全に中国に取り込まれている公明党と自民党が連立政権を組めるのも、自民党のわが国切っての親中派である二階俊博元幹事長が幅を利かせてきたのも、岸田首相が根っからの強烈な親中の林芳正氏を外務大臣に指名したのも、自民党の本心には「中国さまさま」という中国重視が脈々と流れているからだ。

だから中国共産党による一党支配体制を崩壊させることができた唯一最大のチャンスを、自民党政権は天安門事件の時に自らの手でもぎ取ってしまった。

中国は今、CIAの心理戦に対抗するため、孔子学院などの「中国が好きになるための装置」を世界各国に設置し、プロパガンダに努めている。

アメリカの国営放送VOA（Voice of America）は、1941年に日本などの敵国への心理戦として設置されたものだ。しかし、2016年にVOAの依頼で、生出演のためにワシントンにあるVOA本部の中に入った時に、本部スタッフは「今では中国資本に圧《お》されて、中国語部局は滅多に中国の批判をできない状況に追い込まれているんですよ」と嘆いていた。

しかし日本のようにGHQから与えられた借り物の民主主義と違い、アメリカの一部には、きちんと民主主義が作用している側面があることがまだ救われる。第一章でも触れたように、元米軍高官や元安全保障当局者から成るシンクタンク「アイゼンハワー・メディア・ネットワーク」は、バイデン政権に対する書簡をネット公開し、堂々と「アメリカ政府はこれ以上ウクライナ支援を無限に続けるようなことを言うべきではない」と明言している。それはウクライナ人の最後の一人までを戦わせることにつながるので、どのような状況であれ、停戦に向けて動くべきだとメンバーの一人は強調している。アメリカは常にアメリカ人自身は傷つかず他国の人に戦わせて武器を売り、戦争ビジネスをやめようとしない。

日本の場合、ウクライナへの支援は、バイデンが望む戦争の継続と激化を加速させる方向にしか動いていない。それは台湾有事を招く方向と一致している。日本はアメリカと中国の狭間で、日本独自の戦略を立てる勇気も能力もなく、衰退への一途をたどるのだろうかと憂う。このままでは日本が危ないと憂うのである。

それを回避するのは困難なことだが、それでもせめて、自分が「アメリカ脳」化された環境の中にしかいないことを認識しようではないか。そうしなければ、「アメリカ脳」から脱出する第一歩が始まらない。そのために本書が微力ながらも幾ばくかのお役に立つことができれば、この上ない幸甚だ。

序章で述べたような事情から、ともすれば挫《くじ》けそうになる私を、ビジネス社の唐津隆社長が常にそばにいて支えてくださった。唐津社長ご自身が編集を担当してくださり、全面的に力づけてくださった。

心からのお礼を申し上げたい。

また2021年4月にビジネス社で出版した『習近平　父を破滅させた鄧小平への復讐』は、出版と同時にニューヨークにあるシンクタンクDialogue China. Inc.「策劃出版」から中国語への翻訳出版のオファーがあり、2022年4月に台湾の印刷所から『習近平對鄧小平的復仇』という書名で出版された。その時、唐津社長は著作権に関して快く無料提供を承諾してくださり、先方も非常に喜んでくれた。オファーしてきたのは天安門事件の学生指導者の筆頭の一人でもあった王丹氏だ。王丹氏のような本物の民主活動家は世界各地にいる。

こういった流れのオファーを快諾してくださり、著作権の無料提供を承諾してくださった唐津社長に改めて尊敬と感謝の意を表したい。

シンクタンク中国問題グローバル研究所の白井一成理事をはじめ、その仲間たちはいつも私を応援してくださり、常に数多くの議論に加わってくださった。その議論は示唆的で私に多くのヒントを与えてくださった。心から感謝する。

皆様、ありがとうございました。

2023年5月17日

遠藤誉

【著者略歴】

遠藤誉（えんどう・ほまれ）
中国問題グローバル研究所所長。
1941年中国吉林省長春市生まれ。国共内戦を決した「長春食糧封鎖」を経験し、1953年に日本帰国。筑波大学名誉教授、理学博士。中国社会科学院社会学研究所客員研究員・教授などを歴任。著書に『習近平三期目の狙いと新チャイナ・セブン』、『ネット大国中国——言論をめぐる攻防』、『チャイナ・ナイン 中国を動かす9人の男たち』、『ポストコロナの米中覇権とデジタル人民元』（白井一成との共著）、『習近平 父を破滅させた鄧小平への復讐』、『ウクライナ戦争における中国の対ロシア戦略』、『もうひとつのジェノサイド 長春の惨劇「チャーズ」』、『「中国製造2025」の衝撃 習近平はいま何を目論んでいるのか』など多数。

習近平が狙う「米一極から多極化へ」

2023年7月12日　第1刷発行

著　者　遠藤　誉
発行者　唐津　隆
発行所　株式会社ビジネス社
〒162-0805　東京都新宿区矢来町114番地
神楽坂高橋ビル5F
電話　03-5227-1602　FAX　03-5227-1603
URL　https://www.business-sha.co.jp

〈装幀〉大谷昌稔
〈本文組版〉茂呂田剛（エムアンドケイ）
〈印刷・製本〉半七写真印刷工業株式会社
〈編集担当〉野間みやび　〈営業担当〉山口健志

ISBN978-4-8284-2534-4